dtv
premium

Monika Siedentopf

Unternehmen Seelöwe

Widerstand im deutschen Geheimdienst

Deutscher Taschenbuch Verlag

Dieses Buch ist als e-Book erhältlich.

FSC
www.fsc.org
MIX
Papier aus verantwortungsvollen Quellen
FSC® C006701

Originalausgabe 2014
Deutscher Taschenbuch Verlag, München

Dieses Werk wurde vermittelt durch die Literarische Agentur Thomas Schlück GmbH, 30827 Garbsen

Umschlagkonzept: Balk & Brumshagen
Umschlaggestaltung: Sophia Götschl unter Verwendung eines Fotos von Trigger Image / Charles Klein
Satz: Greiner & Reichel, Köln
Gesetzt aus der Minion 10,4/12,7˙
Druck und Bindung: CPI – Ebner & Spiegel, Ulm
Gedruckt auf säurefreiem, chlorfrei gebleichtem Papier
Printed in Germany
ISBN 978-3-423-26029-9

Inhalt

Prolog

»Heute Abend sprach ich mit Kenneth Strong vom War Office, der bis zum Kriegsbeginn Assistent unseres Militärattachés in Berlin war. Er hält sehr viel von der Tüchtigkeit der Deutschen und kann einfach nicht glauben, dass ihr Geheimdienst so dumm ist, diese Leute ohne eine richtige Ausbildung und ohne einen ausgeklügelten Plan herüberzuschicken.«[1]

Diesen Satz notierte am 8. September 1940 Guy Maynard Liddell, damals Direktor der Spionageabwehrabteilung des britischen Inlandsgeheimdienstes MI 5, in seinem Tagebuch. Wenige Tage zuvor waren vier deutsche Spione an der südenglischen Küste verhaftet worden, und ihre offensichtliche Ungeschicklichkeit weckte Zweifel, ob es sich bei ihnen tatsächlich um eine Vorhut der erwarteten – und befürchteten – Invasion der deutschen Wehrmacht handelte.

Während über Wilhelm Canaris, der den deutschen militärischen Nachrichtendienst, das sogenannte Amt Ausland/Abwehr, bis fast zum Ende des Zweiten Weltkriegs leitete, und über einige seiner Mitarbeiter, die im Widerstand ihr Leben verloren, umfangreiche Literatur existiert, halten sich Veröffentlichungen über das Amt Ausland/Abwehr in überschaubarem Rahmen. Die Standardwerke von Gert Buchheit,[2] Paul Leverkühn[3] und Wilhelm von Schramm[4] stammen aus den 1960er- und 1970er-Jahren und beschränken sich vor allem darauf, die historische Entwicklung des militärischen Nachrichtendienstes seit seiner Entstehung in der Kaiserzeit nachzuzeichnen und seine Strukturen sowie seine Aufgabenstellungen zu beschreiben. Darüber hinaus haben einige ehemalige Abwehroffiziere[5] Erlebnisberichte verfasst, die allerdings mit gebotener Vorsicht zu sehen sind. Untersuchungen über einzelne Aktivitäten und Einsätze des Amtes fehlen bisher weitgehend, eine Ausnahme bildet Winfried Meyers ›Unternehmen Sieben‹.[6]

Erst 2007 veröffentlichte das Bundesarchiv in Koblenz mit ›Das Amt Ausland/Abwehr im Oberkommando der Wehrmacht‹[7] eine Quellensammlung, um die vorhandenen Wissenslücken wenigstens teilweise aufzufüllen. Ausdrücklich wird von den Verfassern darauf hingewiesen, dass »von den Beständen des Amtes insgesamt gesehen nur Splitter«[8] erhalten sind. Denn gegen Kriegsende wurden viele Akten von Abwehrangehörigen planmäßig vernichtet, damit sie nicht in feindliche Hände gerieten; und Bomben- und Feuerschäden trugen ihren Teil zur weiteren Zerstörung von Dokumenten bei.

Nur Splitter sind deshalb auch im vorliegenden Fall, der Beteiligung des Amtes Ausland/Abwehr am Unternehmen »Seelöwe«, der geplanten Invasion Englands, aufzufinden. Sie stammen meist aus Protokollen, die der britische Geheimdienst MI 5 von den Verhören der deutschen Abwehroffiziere in britischer Kriegsgefangenschaft anfertigte. Diese Protokolle belegen, dass für die Vorbereitung des Unternehmens »Seelöwe« von September 1940 bis Frühjahr 1941 über zwanzig Spione vom Amt Ausland/Abwehr nach Großbritannien eingeschleust wurden. Ihr Auftrag lautete, in möglichst kurzer Zeit so viele Informationen zu liefern, wie nur zu beschaffen waren. Schwerpunkt ihrer Spionagetätigkeit sollte die Auskundschaftung der britischen Verteidigungsfähigkeit sein, um dem Oberkommando der Wehrmacht eine möglichst klare Vorstellung davon zu geben, wie viel militärischer Widerstand im Fall einer deutschen Invasion zu erwarten war. Ausgeforscht werden sollten die Stärke und die Stellungen der Verteidigungsanlagen an den Küsten und in den Häfen, die Lage der Flugplätze der Royal Air Force und die Zahl der einsatzbereiten Jagdflugzeuge, die Kampfkraft der Truppen sowie die Positionen der Schiffe der Royal Navy. Gemeinsam war diesen Spionen, dass sie nur geringfügig ausgebildet waren und sich dazu auch oft noch so unprofessionell verhielten, dass ihre Entdeckung und Verhaftung binnen kurzer Zeit – manchmal innerhalb von Stunden – kaum verwundern kann.

Während ihrer Vernehmungen in der britischen Kriegsgefangenschaft führten die deutschen Abwehroffiziere für das Scheitern dieser Spionageaktionen, wenn sie überhaupt dazu Stellung bezogen, vor allem zwei Gründe an: Zum einen sei das Unternehmen »Seelöwe« von Hitler viel zu kurzfristig anberaumt worden, als dass ausreichende Vorbereitungen hätten getroffen werden können. Zum anderen sei Spionage gegen ein Inselreich, das durch seine natürlichen Grenzen gut geschützt ist, immer besonders schwierig, so dass man die Erfolgschancen von Anfang an als nur gering eingeschätzt habe.

Britische Autoren – Historiker wie Journalisten – vertreten bis heute die Überzeugung, dass der deutsche militärische Geheimdienst in seinen Aktionen gegen das Vereinigte Königreich viel zu leichtgläubig und unprofessionell operierte, um erfolgreich zu sein. In der offiziellen, von der britischen Regierung autorisierten, Historiografie des eigenen Nachrichtenwesens im Zweiten Weltkrieg heißt es dazu: »Im Vorfeld der geplanten Invasion rekutierte die Abwehr alle Spione, derer sie habhaft werden konnte, bildete sie eiligst aus und schickte sie los. Einige von ihnen hatten sich nur anwerben lassen, um nach England ausreisen zu können, wo sie sich sofort den Sicherheitsbehörden stellten. Die übrigen, die sich nicht freiwillig ergaben, erwiesen sich als so extrem inkompetent, dass sie früher oder später – meist früher – in britische Hände fielen. Alle gingen davon aus, dass die Wehrmacht innerhalb weniger Wochen eintreffen und sie befreien werde, denn sie waren weder psychisch noch physisch für einen längeren Einsatz in einem feindlichen Umfeld gewappnet.«[9]

Aber war das Amt Ausland/Abwehr wirklich so dilettantisch und »dumm«? Waren die deutschen Geheimdienstler tatsächlich mit der Aufgabe überfordert, in kurzer Zeit Spione so sorgfältig auszuwählen und auszubilden, dass sie auch unter widrigen Umständen Erfolge erzielen konnten? Dieses Buch wird der Frage nachgehen, ob es möglicherweise ganz andere Gründe für das Scheitern der deutschen Spionage gegen England gab.

Kapitel I
Das Unternehmen »Seelöwe«

»Fühlung mit England auf der Basis der Teilung der Welt«

Eher zögerlich ordnete Hitler im Sommer 1940 die Vorbereitungen für das Unternehmen »Seelöwe« an. Ein Krieg mit England passte weder in sein Weltbild noch in seine Strategie. Lange Zeit hatte er Großbritannien als »klassischen Staat einer höchstwertigen Rasse mit brutaler Machtpolitik«[1] bewundert. Für ihn waren die beiden Nationen Deutschland und England »infolge ihrer geistigen und rassischen Verwandtschaft zu einer harmonischen Zusammenarbeit in aufrichtiger Freundschaft vorausbestimmt«.[2]

Die pazifistische Außenpolitik Londons Ende der 1930er-Jahre jedoch ließ bei Hitler Geringschätzung aufkommen und Zweifel entstehen, »ob die Bundesgenossenschaft eines offenbar nur auf Frieden erpichten Staats wirklich ein Gewinn sei«.[3] Als nach dem »Anschluss« Österreichs und nach dem Einmarsch der deutschen Truppen in die Tschechoslowakei England zusammen mit Frankreich weiterhin stillhielt und auch nach dem Überfall auf Polen keine militärische Reaktion erfolgte, sah Hitler in dieser Zurückhaltung einen eindeutigen Hinweis auf die politische und militärische Schwäche Englands. Die Kriegserklärung der britischen Regierung am 3. September 1939 hielt er für eine reine Formalie und er setzte darauf, dass ihr keine Kampfhandlungen folgen würden – eine Einschätzung, die sich zunächst sogar bewahrheitete.

Nach dem siegreichen Ende des Westfeldzugs und dem Waffenstillstand mit Frankreich am 22. Juni 1940 erwartete Hitler deshalb zuversichtlich ein schnelles Arrangement mit der britischen Regierung – schien das Vereinigte Königreich doch gar keine andere Wahl zu haben, als sich seinem Diktat zu beugen und einzulenken: Ein großer Teil Europas war von den Deutschen besetzt oder durch Verträge gebunden. Der deutsch-sowjetische Nichtangriffspakt vom August 1939 hatte den Weg zur Zerschlagung

Polens freigemacht. Im April 1940 hatte sich Dänemark, Anfang Juni 1940 auch Norwegen den deutschen Truppen ergeben. Mit dem darauf folgenden »Blitzkrieg« im Westen, der nur sechs Wochen gedauert hatte, waren neben Frankreich auch die Niederlande, Belgien und Luxemburg zur Kapitulation gezwungen worden. Mussolini, seit 1939 Bündnispartner Deutschlands im »Stahlpakt«, war noch am 10. Juni 1940 an der Seite Hitlers in den Krieg eingetreten, während Franco und Salazar, die Regierungschefs Spaniens und Portugals, ihre Länder zwar offiziell als »nicht-kriegführend« bezeichneten, aber deutliche Sympathien für das nationalsozialistische Regime hegten.

Angesichts der deutschen Übermacht im Frühsommer 1940 stellte sich für Hitler ein Friedenschluss ganz einfach dar: »Wir suchen Fühlung mit England auf der Basis der Teilung der Welt«[4], fasste Hasso von Etzdorf, der Vertreter des Auswärtigen Amts beim Oberkommando der Wehrmacht, Hitlers Ausführungen am 20. Mai zusammen. Der Vorschlag an die britische Regierung bestand aus einem – in Hitlers Augen – großzügigen und für beide Seiten attraktiven Kompromiss: Die Engländer sollten nur Deutschlands Herrschaft über Kontinentaleuropa anerkennen und dazu die ehemaligen deutschen Kolonien zurückgeben, dafür bliebe ihnen immerhin ihr überseeisches Empire erhalten.

Wie wenig die britische Regierung von diesem Friedensdiktat hielt, verdeutlichte Winston Churchill, seit 10. Mai 1940 der neue Premierminister, in einer Rede Anfang Juni: »Obgleich große Gebiete von Europa und viele alte, ruhmreiche Staaten unter das Joch der Gestapo und der hassenswerten Nazi-Maschinerie gefallen sind oder noch fallen mögen, wir werden nicht wanken noch weichen. Wir werden bis ans Ende durchhalten. Wir werden in Frankreich kämpfen, wir werden auf den Meeren und Ozeanen kämpfen, wir werden mit wachsender Zuversicht und wachsender Stärke in der Luft kämpfen; wir werden unsere Insel verteidigen, was es auch kosten mag.«[5]

»England mit Gewalt zum Frieden zwingen«

Als auch in den folgenden Wochen keine Friedenssignale aus dem Vereinigten Königreich eintrafen, musste Hitler einsehen, dass die britische Regierung nicht freiwillig nachgeben werde. Damit stand er vor einem strategischen Problem, das er nicht einkalkuliert hatte. Seit seiner Machtergreifung bestand sein vorrangiges politisches Ziel in der Eroberung von »neuem Lebensraum« im Osten. Alle Feldzüge im Westen, deren siegreichen Abschluss er immer vorausgesetzt hatte, sollten nur die Erreichung dieses Ziels vorbereiten und ihm den Rücken freihalten für seine »große und eigentliche Aufgabe: die Auseinandersetzung mit dem Bolschewismus«.[6] Nun aber spielte England nicht mit und musste in irgendeiner Weise ruhiggestellt werden, bevor die Ost-Expansion beginnen konnte, denn vor einem Zweifrontenkrieg schreckte selbst Hitler zurück.

Bereits seit August 1939 hatten die Stäbe der drei Wehrmachtsteile – Heer, Marine und Luftwaffe – Studien zu einer möglichen Kriegsführung gegen das Inselreich angefertigt. Darin wurden die Chancen einer Invasion überprüft, aber bereits auch die hohen Risiken verdeutlicht: Als größte und voraussichtlich kaum zu überwindende Hindernisse wurden die Stärke der Royal Navy und der Royal Air Force ausgemacht, so dass diese Studien schon bald wieder in den Schubladen verschwanden.

Erst als die deutschen Panzertruppen in der zweiten Maihälfte 1940 die französische Kanalküste erreicht hatten, kam das Thema einer Invasion Großbritanniens wieder auf den Tisch – allerdings nicht von ihren Befürwortern, sondern von ihren Gegnern. Großadmiral Erich Raeder, der Oberbefehlshaber der Kriegsmarine, und seine Offiziere in der Seekriegsleitung befürchteten nämlich, dass Hitler im Siegesrausch von der Marine verlangen werde, die in Frankreich so erfolgreichen Heeresgruppen sofort nach England zu transportieren. Am 21. Mai legte Raeder Hitler zum ersten Mal seine Bedenken vor: Der Angriff auf Norwegen habe zahlreiche Überwasserschiffe gekostet, die für den Schutz der Landungstruppen an der englischen Küste unbedingt notwendig seien. Außerdem sei der Ärmelkanal ein tückisches Gewässer, in Küstennähe träfe man auf gefährliche Untiefen, Strömungen und Riffe. Hier sei die Royal Navy nicht nur zahlenmäßig der deutschen Kriegsmarine hoch überlegen, und ohne absolute deutsche Luftüberlegenheit sei deshalb »das Wagnis viel zu groß und nicht zu verantworten«.[7]

Zunächst traf Raeder bei Hitler auf offene Ohren für seine Skepsis, wie auch noch einen Monat später, als er bei der Führerbesprechung erneut auf die Schwierigkeiten einer Landungsoperation hinwies. Aber am 30. Juni, eine Woche nach der Unterzeichnung des deutsch-französischen Waffenstillstands, stellte der Chef des Wehrmachtführungsstabes, General Alfred Jodl, in einer Denkschrift fest, dass als Ultima Ratio eine Landungsoperation sehr wohl in Betracht gezogen werden müsse, falls der Widerstandswille Englands anhalte: »Eine Landung sollte England nicht militärisch niederwerfen – diese Aufgabe sei durch Luftwaffe und Kriegsmarine zu erreichen – sondern, falls erforderlich, gegen ein wehrwirtschaftlich gelähmtes und in der Luft kaum noch aktionsfähiges England geführt werden.«[8] Wenige Tage später ließ Hitler daraufhin über das Oberkommando der Wehrmacht mitteilen, dass »unter bestimmten Voraussetzungen, als deren wichtigste die Luftüberlegenheit bezeichnet wurde, eine Landung in England in Frage kommen könne«.[9] Erste Vorbereitungen sollten deshalb anlaufen.

Für General Franz Halder, den Stabschef des Heeres, war diese Anweisung fast überfällig. Er sah die Lage viel optimistischer als Raeder und befürwortete eine Landungsoperation ohne Vorbehalt: »Das Heer hatte mehr Soldaten als ihm lieb war, die Marine Häfen und mehr Schiffe als sie zählen konnte«, behauptete er.[10] Sein Stab entwickelte deshalb ein Planspiel: Mitte August sollten sechs Divisionen in einer ersten Angriffswelle die Küsten zwischen Margate und der Insel Wight erobern, unterstützt unter anderem von sogenannten Schnorchelpanzern, die unter Wasser die Strände erreichen könnten. Die Transportboote sollten mit Nebel- und Raketenwerfern ausgerüstet sein, und falls die Marine nicht in der Lage sei, ausreichend Boote zur Verfügung zu stellen, sollten Pontonbrücken zum Einsatz kommen.

Anfang Juli hatte das Oberkommando des Heeres bereits 13 Divisionen mit schwerem Gerät an der französischen Küste stehen, dazu über 4000 Fahrzeuge und über 4000 Pferde. Für die zweite, um ein mehrfaches größere, Angriffswelle waren weitere 34 000 Fahrzeuge und 57 000 Pferde vorgesehen. Auch die Luftwaffe war inzwischen zur Teilnahme an der Operation bereit: Der Stabschef ließ mitteilen, dass schon bald 25 000 Mann als Luftlandetruppen sowie 750 Transportflugzeuge und 150 Lastensegler zur Verfügung ständen.

Am 13. Juli legten Stabschef Halder und der Oberbefehlshaber des Heeres, Walther von Brauchitsch, Hitler ihren Invasionsplan vor. Hitler stimmte ohne Einschränkung zu und billigte die Vorbereitungen, betonte aber, dass er in einer vollständigen militärischen Zerschlagung Englands keinen Vorteil sehen könne. Dann nämlich, so führte er aus, »zerfällt das britische Weltreich. Davon hat aber Deutschland keinen Nutzen. Wir würden mit deutschem Blut etwas erreichen, dessen Nutznießer nur Japan, Amerika und andere sind.«[11]

Drei Tage später ließ er seine »Führerweisung Nr. 16« mit dem Untertitel ›Über die Vorbereitung einer Landung in England‹ bekanntgeben. Sie begann mit der Feststellung, dass »England trotz seiner aussichtslosen militärischen Lage noch keine Anzeichen einer Verständigungsbereitschaft zu erkennen gebe«.[12] Wenn nötig, so hieß es weiter, solle deshalb ein Landungsunternehmen durchgeführt werden, um das englische Mutterland als Basis für die Fortsetzung des Kriegs gegen das Deutsche Reich auszuschalten und, wenn es erforderlich sein sollte, in vollem Umfang zu besetzen. Zunächst sollten deshalb die drei Wehrmachtsteile alle notwendigen Planungen und Vorbereitungen für dieses – inzwischen »Seelöwe« genannte – Projekt bis Mitte August abschließen. Falls die Entscheidung für den Angriff endgültig falle, könne »Seelöwe« Anfang, spätestens aber Mitte September unternommen werden.

Vermutlich hatte Hitler zu diesem Zeitpunkt immer noch Vorbehalte, England überhaupt anzugreifen. Denn am 19. Juli, drei Tage nach Erlass der »Weisung Nr. 16«, richtete er in seiner Reichstagsrede einen sogenannten »Appell an die Vernunft« der Regierung Churchill, der allerdings von den Adressaten nicht als ernst gemeintes Friedensangebot aufgenommen wurde. Man fasste ihn auf der Insel vielmehr als Versuch Hitlers auf, England allein für den weiteren Verlauf der Entwicklung verantwortlich zu machen und sich selbst somit ein Alibi zu verschaffen. Entsprechend kühl wies deshalb die britische Regierung diese »Aufforderung Hitlers zur Unterwerfung unter seinen Willen«[13] zurück.

Es ist vorstellbar, dass diese britische Abfuhr für Hitler den Ausschlag gab, die bisher nur als Drohgebärde konzipierten Vorbereitungen für die Landungsoperation in den folgenden Wochen als ernsthafte Angriffsplanung voranzutreiben. Wenn Hitler in allen Kriegsjahren auch nie in der Lage war, die grundsätzlichen Motive zu verstehen, aus denen sich die britische Regierung seiner Expansionspolitik widersetzte, nach dem 19. Juli 1940 musste er einsehen: England konnte »nur mit Gewalt zum Frieden gezwungen werden«.[14]

In den folgenden Wochen wurde die Durchführbarkeit von »Seelöwe« immer wieder kontrovers diskutiert. Schon wenige Tage nach Erlass der »Weisung Nr. 16« legte die Seekriegsleitung ihre Bedenken in Bezug auf das Projekt »Seelöwe« noch einmal ausführlich in allen Einzelheiten dar: Einleitend beklagte sie die umfangreichen Anforderungen, die mit der Operation an die Marine gestellt würden. Sie müsse ihre Kräfte vollständig neu ordnen, deshalb sei der gesetzte Termin von Mitte August keinesfalls einzuhalten. Weiterhin gelte es, zahlreiche nicht zu unterschätzende Probleme zu überwinden: So seien die Einschiffungshäfen an der französischen Küste nach dem Westfeldzug weitgehend zerstört und nur beschränkt zu nutzen. Zudem seien das Wetter und der Seegang sowie die Strömung im Ärmelkanal nur schwer berechenbar, und die Minensituation dort sei ebenso völlig ungeklärt wie die Stärke der Küstenverteidigung. Außerdem benötige man Spezialtransportschiffe mit geringem Tiefgang und neuartige Landungsrampen, die erst noch gefertigt werden müssten. Abschließend wurden noch ernsthafte Zweifel geäußert, dass die Luftwaffe überhaupt in der Lage sei, die gegnerischen Seestreitkräfte von der Transportstrecke fernzuhalten.[15]

Die Vorbehalte der Seekriegsleitung beeindruckten das Oberkommando des Heeres nicht, denn es sah in einer Landungsoperation das schnellste und sicherste Mittel, einen Friedensschluss zu erzwingen. Nach der Heeresplanung sollten in einer ersten Angriffswelle mindestens 30 bis 40 Divisionen gegen die südenglische Küste eingesetzt werden, um einen schnellen Erfolg zu garantieren. Dabei sollte jeweils eine Angriffsgruppe von Calais, von Le Havre und von Cherbourg aus übersetzen und jeweils bei Margate-Hastings, bei Brighton-Portsmouth und bei Weymouth landen. Empört hielt die Seekriegsleitung dagegen, dass gerade wegen der gewaltigen logistischen Schwierigkeiten der Transportraumbedarf möglichst gering gehalten werden müsse und außerdem die Kräfte der Marine selbst im Fall einer vollständigen deutschen Luftraumkontrolle des Ärmelkanals zu schwach seien, um mehrere Angriffsgruppen gleichzeitig gegen die überlegene Royal Navy zu schützen.

Die wenig später erhobene neue Forderung des Heeres, die Landung müsse etwa eine Stunde vor Sonnenaufgang stattfinden, lehnte die Seekriegsleitung ebenfalls ab. Denn die vorgesehenen flachen Transportschiffe könnten keinesfalls in dunklen Nächten übersetzen, sondern benötigten eher Halbmondlicht zur Orientierung. Da außerdem aus seemännischen Überlegungen nur etwa zwei Stunden nach Hochwasser eine Landung möglich sei, blieben als Angriffstermine einzig die Zeiträume vom 20. bis 26. August oder vom 16. bis 19. September. Dabei fiele allerdings der Augusttermin für die Marine wegen der noch nicht abgeschlossenen Vorbereitungen schon fort. Dies wiederum hieße, dass sich das Unternehmen zwangsläufig bis in den Oktober und damit in die Schlechtwetterperiode hineinziehen werde. Alle Probleme zusammenfassend befand die Seekriegsleitung deshalb, von einer Durchführung von »Seelöwe« noch im Jahr 1940 ganz abraten zu müssen.

Angesichts dieser Bedenken und Einwände ordnete Hitler am 31. Juli eine Aufschiebung des Angriffstermins auf den 15. September an. Außerdem befahl er, die Luftwaffe solle in den kommenden Wochen »acht Tage lang verschärfte Angriffe auf Südengland« fliegen. »Führten die Luftangriffe zu durchschlagenden Erfolgen, so werde das Unternehmen ›Seelöwe‹ noch 1940 durchgeführt, andernfalls erfolge eine Verschiebung auf den Mai 1941.«[16]

Entscheidender Höhepunkt der geforderten verschärften Luftangriffe sollte der 13. August sein, der »Adlertag«, wie ihn der neu ernannte »Reichsmarschall« Göring bezeichnete. Seit etwa Mitte Juli hatte die Luftwaffe immer wieder Tagesangriffe gegen Häfen, Küstenschiffe und Flugzeugfabriken im Südosten Englands geflogen. Da das Ziel dieser Attacken, eine Zermürbung der Royal Air Force-Piloten durch ständige Verteidigungseinsätze, nicht erreicht worden war, sollte am »Adlertag« mit Großangriffen auf die Jagdfliegerstützpunkte die Royal Air Force endgültig ausgeschaltet werden. Aber trotz heftiger Luftkämpfe konnte die Luftwaffe die angestrebte Lufthoheit nicht durchsetzen. Tatsächlich waren die Verluste auf beiden Seiten ähnlich hoch: 62 deutsche und 30 britische Piloten verloren ihr Leben oder wurden gefangen genommen, 100 deutsche und 136 britische Flugzeuge wurden zerstört oder schwer beschädigt.

Dennoch wurden die Vorbereitungen für »Seelöwe« intensiviert: Das Heer schloss seine Aufmarschbewegungen planmäßig für den Angriffstermin 15. September ab, und auch die Marine benötigte nur wenige Tage länger. Da einsatzfähige Landungsboote fehlten – von einem in Auftrag gegebenen neuartigen Pionierlandungsboot existierten im Sommer 1940 erst zwei Prototypen –,[17] waren etwa 2400 flache Flusskähne aus Westeuropa zusammengezogen worden, knapp 900 aus Deutschland, 1200 aus den Niederlanden und Belgien und 350 aus Frankreich, was in den betroffenen Gebieten für längere Zeit die Flussschifffahrt stark beeinträchtigte. Nur ein Drittel dieser Kähne verfügte allerdings über einen eigenen Antrieb, die übrigen mussten von Schleppern gezogen werden. Nicht zu Unrecht bezweifelten nicht wenige Marineoffiziere die Hochseetüchtigkeit dieser Kähne – ein weiteres Argument der Seekriegsleitung gegen die Landungsoperation.

Als in der zweiten Augusthälfte die Luftwaffe noch immer nicht den Durchbruch in der Luftschlacht um England erreicht hatte, verstärkte die Marine ihren Widerstand gegen das ganze Projekt und protestierte vor allem noch einmal gegen die von der Heeresleitung geforderte Landung auf breiter Basis. Durchführbar sei – wenn überhaupt – nur eine Übersetzung der Truppen in der Kanalenge bei Dover, und dies sei schon angesichts der bereits angesprochenen Probleme überaus riskant.

Die Diskussionen wurden schließlich Ende August mit dem Zugeständnis abgeschlossen, dass »das Unternehmen ›Seelöwe‹ nach dem Willen des Führers nur dann durchgeführt werden soll, wenn eine besonders günstige Ausgangslage sichere Aussichten für das Gelingen bietet. Bei einer solchen Grundlage kann dann aber auch das Risiko für die Kriegsmarine als gemindert angesehen werden.«[18]

Ob Hitler damals wegen der von der Marine angeführten Risiken und des ausbleibenden Erfolgs der Luftwaffe sowie wegen des ungelösten Rätsels der britischen Verteidigungsstärke die Chancen von »Seelöwe« als zu gering einschätzte, oder ob er wegen der bereits angelaufenen Planung des Unternehmens »Barbarossa« gegen die Sowjetunion inzwischen das Interesse an der Landungsoperation verloren hatte, ist nicht geklärt. Sein für den 11. September erwarteter Befehl zum Start des »Seelöwen« blieb jedenfalls aus. Stattdessen informierte das Oberkommando der Wehrmacht am 17. September Heer, Kriegsmarine und Luftwaffe, Hitler habe entschieden, »›Seelöwe‹ bis auf weiteres«[19] zu verschieben.

Praktisch ad acta, gewissermaßen nur noch auf »Wiedervorlage«, wurde »Seelöwe« einen Monat später mit einer Mitteilung des Oberkommandos der Wehrmacht vom 12. Oktober gelegt: Hitler habe sich entschlossen, »die Vorbereitungen für eine Landung in England bis zum Frühjahr 1941 nur noch als politisches Druckmittel aufrecht zu erhalten. Für den Fall, dass die Landung in England im Frühjahr 1941 durchgeführt werden sollte, würde der dann erforderliche Bereitschaftsgrad rechtzeitig befohlen.«[20]

Dennoch tauchte »Seelöwe« in den folgenden Monaten ab und an wieder auf. In der »Weisung Nr. 18« vom 12. November wurde – wenn auch erst im letzten Punkt – angeordnet, die Voraussetzungen für »Seelöwe« umfassend zu verbessern. So ließ das Heer weiterhin Planspiele und Übungen veranstalten, und die Kriegsmarine beschloss, Hunderte neuer sogenannter Prähme zu bauen, flache Schiffe zum Truppentransport. Im Januar 1941 kündigte Hitler an, dass nach der Zerschlagung Russlands Deutschland unter Umständen wieder gegen das britische Mutterland vorgehen werde, und deshalb spielte »Seelöwe« noch bis zum Angriff auf die Sowjetunion am 22. Juni 1941 in den Überlegungen des Wehrmachtführungsstabes eine Rolle: Der »Fangstoß« gegen England mit Hilfe einer Invasion sollte nach Abschluss des Ostfeldzuges vorgenommen werden, hieß es am 19. Juni 1941. Erst als sich Hitlers Annahme, den Ostfeldzug schnell siegreich beenden zu können, als falsch erwies, entschied er am 13. Februar 1942, endgültig auf das Unternehmen »Seelöwe« zu verzichten und auch die letzten Vorbereitungen einzustellen.[21]

Auf britischer Seite hatte man seit Kriegsbeginn die Möglichkeit eines deutschen Angriffs einkalkuliert, wenn auch zunächst nur als eher unwahrscheinliches Szenario. Ende Mai 1940 jedoch, angesichts des schnellen Vormarsches der deutschen Truppen zur Kanalküste, schien eine Invasion der britischen Inseln kaum noch ausgeschlossen, eine Befürchtung, die auch durch Berichte aus Diplomaten- und Geheimdienstkreisen untermauert wurde. Am 29. Mai legten die Stabschefs der Regierung Churchill ihre beunruhigende Lageeinschätzung vor: Schon mit einer Flotte von 200 schnellen Schiffen, jedes mit 100 Soldaten besetzt, könnten die Deutschen ohne Vorwarnung jederzeit eine Landungsoperation durchführen.[22]

Besonders ernst zu nehmen war in jenen Tagen die Bedrohung, weil die Briten zwar die meisten Mitglieder ihres »Expeditionskorps«, das sie den Franzosen zur Unterstützung geschickt hatten, aus Dünkirchen evakuieren konnten, aber den größten Teil ihrer Munition, Gewehre, Geschütze und über 100 000 Fahrzeuge zurücklassen mussten. »Niemals ist eine große Nation so entblößt vor ihren Feinden dagestanden«,[23] resümierte Churchill in seinen Memoiren im Rückblick.

Intensiv wurden deshalb Verteidigungsvorbereitungen getroffen: Man begann, die gefährdeten Küstenstreifen mit Stacheldrahtverhauen zu überziehen und die Strände zu verminen – eine kaum lösbare Aufgabe angesichts hunderter Kilometer Küste. Eine freiwillige Bürgerwehr, die »Home Guard«, die schon Ende Juni etwa 1,5 Millionen Mitglieder zählte, wurde aufgestellt, aber ihre mangelnde militärische Erfahrung und ihre unzureichende Bewaffnung – weitgehend nur Gewehre und auch Messer aus privatem Besitz – hätten kaum ein unüberwindliches Bollwerk gegen die deutschen Invasionstruppen gebildet. Auch andere Vorkehrungen zeigen, wie stark der Zwang zur schnellen Improvisation war: Um sich gegen das Vordringen deutscher Panzer zu wappnen – wenn sie doch auf die Insel gelangen sollten –, wurden im Hinterland Gräben ausgehoben und Betonblockaden in schmalen Straßen errichtet. Auf hunderten Wiesen und Feldern wurden zudem Hindernisse aus Draht oder Holz ausgelegt, um die Landung von Fallschirmspringern zu erschweren.

Die dramatische Waffenknappheit nach den Verlusten bei Dünkirchen wurde zunächst mit US-Importen von Gewehren, Geschützen und Munition aufgefangen, bis die eigene Waffenproduktion hochgefahren war. Während die britische Armee am 10. Juni nur über 250 einsatzfähige Panzer verfügte, waren es Ende Juli bereits über 500. Besonders intensiviert wurde die Flugzeugproduktion: Noch 1939 und in den ersten Monaten 1940 wurden durchschnittlich nur 100 Jagdflugzeuge im Monat fertig gestellt, ab Juni 1940 stieg die Produktion auf etwa 450 monatlich.

Auch in den folgenden Monaten ließ die Anspannung im Vereinigten Königreich kaum nach – zumal am 30. Juni und 1. Juli die Kanalinseln Jersey, Guernsey, Alderney und Sark fast kampflos in die Hände der Deutschen gefallen waren. Außerdem konnten die Nachrichtendienste nicht ausschließen, dass ein Angriff nicht nur von der Kanalküste, sondern ebenso von Norwegen oder dem Baltikum, möglicherweise sogar von der spanischen Biscayaküste aus gestartet werden könne. Damit blieb lange Zeit völlig unklar, gegen welchen Abschnitt der britischen Küsten sich die deutsche Landungsoperation richten werde.

Der Luftkrieg über England brachte schließlich Klarheit. Wegen der Konzentration der deutschen Angriffe auf Ziele im Südwesten Englands lag es nahe, die Invasionstruppen an der Kanalküste zu erwarten. Auch enthüllte die Luftaufklärung Schiffsansammlungen in französischen, belgischen und holländischen Häfen, und die britischen Nachrichtendienste, deren Experten es inzwischen gelungen war, den chiffrierten deutschen Funkverkehr teilweise zu entziffern,[24] untermauerten die Vermutungen.

Wie ihre deutschen Gegner stellten daraufhin auch die Engländer Wetter- und Gezeitenberechnungen an und gelangten ebenfalls zu der Schlussfolgerung, dass der günstigste Angriffstermin im September liegen werde. Am Abend des 7. September 1940 um 20.07 Uhr versetzte das britische Oberkommando mit der Ausgabe des Losungsworts »Cromwell« alle auf den britischen Inseln stationierten Truppen in höchste Alarmbereitschaft.[25]

Als jedoch der September ohne Invasionsversuch verstrichen war und schließlich Ende Oktober auch die »Battle of Britain« ihre Heftigkeit verlor, ohne den Deutschen die angestrebte Lufthoheit gebracht zu haben, glaubte die britische Regierung darauf vertrauen zu können, dass 1940 kein Invasionsversuch mehr vorgenommen werde. Churchill warnte dennoch: »Die Invasionsgefahr wird mit dem kommenden Winter nicht verschwinden und kann uns im nächsten Jahr vor neue Probleme stellen. Je länger der Krieg dauert, desto dringender wird es natürlich für den Feind, unser Land zu besiegen. Wir müssen annehmen, dass die Invasion eine ständige Bedrohung bleibt, dass sie sich aber, solange starke Kräfte auf der Insel stehen, kaum verwirklichen lassen wird.«[26]

Kapitel II
Die Gegenspieler

Das Amt Ausland/Abwehr

Wie die drei Wehrmachtteile erhielt auch das Amt Ausland/Abwehr mit der »Weisung Nr. 16« den Befehl, Vorbereitungen für »Seelöwe« zu treffen. Das Amt war der Nachfolger des sogenannten III B-Dienstes, der 1912 als eine selbständige geheime Nachrichten- und Spionageabwehrabteilung im Großen Generalstab des deutschen Kaiserreichs aufgebaut worden war und etwa 80 Offiziere beschäftigt hatte.

Zwar durfte Deutschland ab 1919 nach den Bestimmungen des Versailler Vertrags weder einen Generalstab noch einen militärischen Nachrichtendienst unterhalten, aber die deutsche Heeresleitung richtete dennoch Anfang der 1920er-Jahre wieder eine kleine Spionageabwehrgruppe ein. Bei ihrer Gründung bestand diese Gruppe aus nur drei aktiven und sieben bereits verabschiedeten Offizieren sowie einigen wenigen Schreibkräften. Ihr Leiter, der spätere Generalmajor Friedrich Gempp, wählte ausdrücklich die Bezeichnung »Abwehr«, um den rein defensiven Charakter der Gruppe zu betonen. Umgangssprachlich blieb die Bezeichnung »Abwehr« für den militärischen Nachrichtendienst bis 1944 in Gebrauch, obwohl er damals schon längst auch aktive Spionage, das »Geschäft des ›Geheimen Meldediensts‹ und im Krieg zusätzlich Sabotage und Zersetzung im feindlichen Hinterland betrieb«.[1]

In den Jahren nach dem Ersten Weltkrieg war zunächst noch die reine Abwehrtätigkeit, das heißt der Schutz der Truppe, Aufgabenschwerpunkt der Gruppe. Diese Fokussierung auf die Abwehrarbeit beruhte nicht unbedingt auf freiwilliger Einschränkung, sondern hatte vor allem zwei Gründe: Einmal war nach dem Versailler Vertrag Deutschland jede aktive Auslandsspionage verboten. Zum anderen fehlten für den Aufbau einer Auslandsspionageabteilung die finanziellen Mittel zur Aufstockung des Personals und zum Erwerb der nötigen technischen Ausstattung.

Erst 1928, als die Abwehrgruppe mit dem separat bestehenden Nachrichtendienst der Marine vereinigt wurde, vergrößerte sich ihr Aufgabenbereich substantiell. Denn der Marinenachrichtendienst verfügte nicht nur über langjährige Erfahrung, sondern auch über eine hervorragende Ausstattung und Hunderte von Informanten. Infolge dieses Zusammenschlusses wurde die Abwehrgruppe offiziell zu einer »Abwehr-Abteilung« aufgewertet und unmittelbar dem Reichswehrminister unterstellt. Von da an konnten neben Heeresoffizieren auch Marineoffiziere leitende Funktionen in der Abwehr übernehmen. Kapitän zur See Conrad Patzig, seit 1932 Leiter der Abwehr-Abteilung, holte zahlreiche ehemalige Offiziere, die nach dem Ersten Weltkrieg verabschiedet worden waren, als sogenannte Ergänzungsoffiziere zurück in die Abwehr. Diese Offiziere hatten während ihrer zivilen Berufsjahre nicht nur Lebenserfahrung, sondern auch Auslands- und Sprachkenntnisse erworben, was die Einsatzmöglichkeiten der Abwehr-Abteilung über die Landesgrenzen hinaus weiter stärkte.

Nach 1933 erwuchs der Abwehr-Abteilung Konkurrenz durch nationalsozialistische Organisationen. Innenpolitische Rivalen wurden der SD (Sicherheitsdienst der SS) sowie das »Forschungsamt« der Luftwaffe. Außenpolitisch stritten das Auswärtige Amt, das Außenpolitische Amt der NSDAP, der Volksdeutsche Rat, der Verein für das Deutschtum im Ausland und die Auslandsorganisation der NSDAP mit der Abwehr-Abteilung um Kompetenzen.

Patzigs Bemühungen, aus allen Organisationen einen einheitlichen Nachrichtendienst zu schaffen, scheiterten vollkommen. Schuld daran trug neben dem Auswärtigen Amt, das seinen Militärattachés die Zusammenarbeit mit Abwehr-Agenten strikt untersagte, vor allem der SD. Er beanspruchte innenpolitisch das Monopol auf die Ausforschung der Sicherheitslage und der Stimmung in der Bevölkerung, so dass der Abwehr-Abteilung nur der militärische »Geheime Meldedienst«, das heißt die Auslandsspionage, sowie der Spionageschutz der Reichswehr und der Rüstungsindustrie blieb. Die unvermeidlichen Spannungen, die aus diesen

Einschränkungen entstanden, führten schließlich zu Patzigs Ablösung.

An seinem letzten Tag im Amt, dem 31. Dezember 1934, ließ Patzig, wie er selbst später berichtete, dem Reichswehrminister Werner von Blomberg gegenüber seinem Zorn freien Lauf: »Ich kann auf Grund meiner eigenen Erfahrungen nur erklären, dass die SS ein Sammelbecken entwurzelter Existenzen und Verbrecher ist, die vor nichts, auch nicht vor Mord zurückschreckt. Für mich wäre es eine Kleinigkeit gewesen, mich dieser Organisation zu verschreiben, aber dann wäre ich zum Verräter an der Wehrmacht geworden, und das Verbrechen hätte triumphiert.«[2] Ähnlich klare Worte gab Patzig auch seinem Nachfolger Wilhelm Canaris mit, damals noch Kapitän zur See, der aber nur geantwortet haben soll: »Seien Sie ganz beruhigt, mit diesen Jungs werde ich schon fertig.«[3]

Bei seiner Amtsübernahme 1935 galt Canaris als überzeugter Anhänger der NSDAP. Obwohl er wie viele großbürgerliche oder adelige Offiziere mit manchen der »banausenhaften«[4] Nationalsozialisten nichts anfangen konnte, begrüßte er den Aufstieg der Partei: »Im Nationalsozialismus witterte er eine elementare Kraft, die der Marine die Tore zu einer besseren Zukunft aufstoßen werde.«[5]

Es brauchte mehrere Jahre, bis der »Patriot im Zwielicht«, wie der Canaris-Biograf Heinz Höhne den Chef des Amtes Ausland/Abwehr bezeichnete, die Gefahr erkannte, die von dem Regime ausging. Zunächst lautete seine Linie »konfliktfreie Tuchfühlung mit allen Organen der braunen Staatspartei und kameradschaftliche Zusammenarbeit zwischen Abwehr und Gestapo«.[6] Erst als das Regime begann, sein brutales Gesicht offen zu zeigen, wandelte Canaris sich zum Gegner Hitlers, der den militärischen Widerstand begünstigte.

Wie schon Patzig konnte auch Canaris die wachsende Machtfülle von SS und SD nicht verhindern. Mit Geschick und Kompromissen gelang es ihm nur, einen vorläufigen Modus Vivendi zu finden. Mit dem SS-Standartenführer Dr. Best, der bei der Gestapo für die »Abwehrpolizei« verantwortlich war, musste er 1936 ein »Zehn Gebote« benanntes Vertragswerk aushandeln, das die Kompetenzen der Abwehr-Abteilung beschnitt. Zwar blieb der Abwehr das Monopol für die militärische Spionage und Gegenspionage erhalten, aber der »Abwehrpolizei« wurde die Fahndung bei Verdacht auf Landesverrat zugesprochen. Einen Erfolg konnte Canaris bei diesem Abkommen immerhin für sich verbuchen: Das »Sechste Gebot« verlangte ausdrücklich: »In der Behandlung des einzelnen Falles gehen die Interessen des ›Geheimen Meldedienstes‹ und der Gegenspionage der abwehrpolizeilichen Erledigung des Falles vor.«[7]

Mit der Wiederaufrüstung Deutschlands wurde auch die Zahl der Abwehrmitarbeiter erheblich vergrößert. Kaum ein Vierteljahr nach Canaris' Amtsübernahme ordnete Hitler die Wiedereinführung der Wehrpflicht und den Ausbau der Wehrmacht an. Mitte der 1930er-Jahre gab es schon 12 statt bisher nur sieben Wehrkreiskommandos, 1939 sogar 15. In jedem dieser Wehrkreiskommandos wurde eine Abwehrstelle (Ast) eingerichtet, der jeweils weltweit einzelne Länder zur Bearbeitung zugeteilt waren. Hinzu kamen im Kriegsverlauf noch zahlreiche Abwehrnebenstellen (Nest) sowie Abwehraußenstellen in den besetzten Ländern und sogenannte Kriegsorganisationen (KO) in den verbündeten bzw. neutralen Ländern. Während die Abwehr-Abteilung 1933 nur knapp 150 Mitarbeiter zählte, waren es Mitte 1937 bereits fast 1000, bis 1939 verdoppelte sich die Zahl auf etwa 2000.[8]

Seine potenziellen Mitarbeiter suchte sich auch Canaris – wie schon Patzig – nicht nur unter Generalstabsoffizieren, sondern auch unter ehemaligen Front- und Linienoffizieren. Außerdem rekrutierte er nationalkonservative Kameraden aus der Freikorpszeit und Beamte aus Ministerien, aber auch Parteigenossen aus der Auslandsorganisation der NSDAP und sogar Angehörige der politischen Polizei, die es vorzogen, statt für Heydrichs SD für Canaris' Abwehr-Abteilung zu arbeiten. Überzeugte Nationalsozialisten fanden sich neben unpolitischen ehemaligen Reichswehroffizieren. Nur für Mitglieder linker Parteien war bei Canaris kein Platz. Der kleinste gemeinsame Nenner dieser heterogenen Truppe war am ehesten ihre Herkunft aus dem mittleren und höheren Bürgertum sowie ihr fester Glaube an den »nationalen Obrigkeitsstaat und die Renaissance einer deutschen Großmacht«.[9]

1938 wurde die Abwehr-Abteilung zu einer sogenannten Amtsgruppe des neu geschaffenen Oberkommandos der Wehrmacht ernannt, und kurz nach Kriegsbeginn, am 18. Oktober 1939, erfolgte die Erhebung der Amtsgruppe zum »Amt Ausland/Abwehr«, das direkt dem Chef des Oberkommandos der Wehrmacht, General Wilhelm Keitel, unterstellt war. Das Hauptquartier des Amtes befand sich im Gebäude des Oberkommandos der Wehrmacht am Tirpitzufer 75–76 (heute Reichpietschufer) in Berlin-Tiergarten.

Gegliedert war das Amt Ausland/Abwehr in fünf Bereiche:

- Die Zentralabteilung (Abteilung Z) war für Organisation und Verwaltung zuständig. Leiter der Abteilung Z war seit September 1938 Oberstleutnant Hans Oster, der 1939 zum Oberst befördert wurde.
- Die Abteilung Ausland unter Kapitän zur See, später Vizeadmiral, Leopold Bürkner hatte die Aufgabe, offen zugängliches Material des Auslands wie Presse, Rundfunk und Literatur auszuwerten.
- Abteilung I, der »Geheime Meldedienst«, hatte die Beschaffung von Informationen über das Militär und die Rüstungsindustrie aller potenziellen Gegner Deutschlands sowie über ihre möglichen militärischen Absichten zur Aufgabe, außerdem den Aufbau und die Kontrolle eines Agentennetzes. Geleitet wurde Abteilung I von 1937 bis Mitte 1943 von Oberstleutnant Hans Piekenbrock, sein Nachfolger wurde Oberst Georg Hansen.
- Abwehrabteilung II war für Sabotage und Zersetzung der Wehrkraft im Feindesland zuständig sowie für die Vorbereitung von Kommandounternehmen. 1938 wurde sie von Hauptmann Helmuth Groscurth geleitet, ab Anfang Januar 1939 von Oberstleutnant, später Generalmajor, Erwin von Lahousen-Vivremont.
- Hauptaufgabe der Abteilung III war die Gegenspionage, die Spionageabwehr. Offiziell lautete die Formulierung »Abwehrschutz in der Wehrmacht und in zivilen Bereichen, Bekämpfung von Spionage und Landesverrat, Infiltration gegnerischer

Geheimdienste«. Geleitet wurde die Abteilung bis zum Frühjahr 1939 von Generalleutnant Rudolf Bamler, sein Nachfolger wurde Oberstleutnant, später Generalleutnant, Franz Eccard von Bentivegni.

Die Abwehrstelle Hamburg

Bis 1935 hatte es in Hamburg nur eine kleine Außenstelle des militärischen Nachrichtendienstes gegeben, die Reichsmarinedienststelle Hamburg, die dem Marine-Stationskommando Nordsee in Wilhelmshaven unterstellt war und für die nur ein Referent, der damalige Hauptmann Dr. Ludwig Dischler, arbeitete. Der Jurist hatte im Ersten Weltkrieg ein Bein verloren und trug eine Prothese. Sein Büro befand sich am Nagelsweg 34, doch als mit der Erhebung in den neuen Status als Abwehrstelle der Aufgabenbereich des Büros und damit auch die Anzahl des Personals zunahm, wurde ein neues Quartier im Harvesterhuder Weg 3–4 ausgesucht. 1937 wechselte die Abwehrstelle in das für das Generalkommando des Wehrkreises X (Hamburg) neu errichtete Gebäude in der alsternahen Sophienterrasse in Hamburg-Harvestehude und bezog dort den Westflügel.

Bis zum Kriegsbeginn wurde die Abwehrstelle Hamburg beträchtlich ausgebaut, sie beschäftigte 1939 über 100 Offiziere und eine große Zahl ziviler Angestellter. Schon bald wurde sie zu einer der wichtigsten Abwehrstellen in ganz Deutschland. Ihre Zuständigkeit umfasste die gesamte westliche Hemisphäre von Skandinavien über Großbritannien und die Iberische Halbinsel bis hin zu den USA und Lateinamerika. Vergleichbar mit der Organisationsstruktur in der Berliner Abwehrzentrale wurden drei Gruppen eingerichtet, die wiederum aus einzelnen Referaten bestanden: Gruppe I (Geheimer Meldedienst), Gruppe II (Sabotage und Zersetzung) und Gruppe III (Gegenspionage/Spionageabwehr).

Ende 1939 übernahm der damalige Fregattenkapitän Herbert Wichmann die Leitung der Hamburger Abwehrstelle und behielt sie bis Kriegsende. Viele der bei Kriegsbeginn zur Hamburger Stelle einberufenen ehemaligen Reichswehroffiziere stammten aus der Hamburger Geschäftswelt, darunter waren auch Bekannte oder sogar Freunde Wichmanns. Neben der aktiven Spionage und der Spionageabwehr zählte zu den Aufgaben der Behörde auch die Betreuung aller Rüstungsbetriebe im Raum Hamburg. Außerdem unterstanden ihr die Auslandsbrief- und Telegrammprüfstellen sowie die beiden neu eingerichteten Abwehrnebenstellen Bremen und Flensburg.

Hinzu kam noch die Funkbetriebsstelle in Wohldorf bei Hamburg, wo 1939 zusätzlich zwei Offiziere und etwa 65 Unteroffiziere und Mannschaften, darunter viele erfahrene Amateurfunker, eingesetzt waren. Sie war erst wenige Monate vor Kriegsbeginn auf eigene Initiative Hamburgs – ohne Weisung aus Berlin – entstanden und von Major Max Werner Trautmann, einem Diplomingenieur, aufgebaut worden. Die Funkstelle diente ausschließlich dem Kurzwellen-Funkverkehr mit Agenten. Dank starker Sender war ein Nachrichtenaustausch über große Distanzen möglich, so dass zeitweise mit etwa 150 deutschen Agenten nicht nur in Europa, sondern auch in Übersee, in Nord- und Südamerika, dem Nahen, Mittleren und Fernen Osten Funkkontakt gehalten werden konnte.

Die Empfangsstation der Funkstelle mit dem Decknamen »Domäne« befand sich im Kupferredder 45 im Hamburger Vorort Wohldorf in einer alten Villa mit Park, dem »Kupferhof«. Schon Ende 1939 gab es dort 14 Empfangsarbeitsplätze, die rund um die Uhr besetzt waren, in den Kriegsjahren wurden daraus etwa 25. Da sich kurz nach Inbetriebnahme herausstellte, dass die Unterbringung von Sendern und Empfängern in demselben Gebäude zu empfindlichen Funkstörungen führte, wurde eine eigene Sendestation, die den Decknamen »Vorwerk« führte, in der ungefähr dreieinhalb Kilometer entfernten Diestelstraße in Hamburg-Ohlstedt installiert. Von etwa einem Drittel der Sendeplätze wurde der europäische Funkverkehr abgewickelt, zwei Drittel dienten den Kontakten mit Übersee. Die Empfangs- und Sendekapazitäten in »Domäne« und »Vorwerk« waren mit neun Empfangsantennen und zehn Sendeantennen so groß, dass sie auch von anderen Abwehrstellen und sogar von der Berliner Zentrale mitgenutzt wurden.[10]

1939/1940 waren Aufgaben und Personal in Hamburg folgendermaßen verteilt: Für Gruppe I war schon vor dem Krieg die Ausforschung Großbritanniens und der USA die zentrale Aufgabe gewesen. Mit Kriegsbeginn gerieten zusätzlich Dänemark, Schweden und Norwegen in ihren Fokus – Länder, gegen die es vorher noch keinen militärischen Operationsplan gegeben hatte. Mit der Informationsbeschaffung in diesen drei Staaten wurde die Abwehrnebenstelle Flensburg beauftragt. Im Verlauf des Krieges legte die Gruppe I ihre Spionagenetze immer weiter aus: neben Spanien und Portugal auch nach Spanisch-Marokko und in die Türkei – keine andere Abwehrstelle verfügte über einen vergleichbar weit reichenden Aktionsradius.

Nach der Beförderung Wichmanns, der zunächst die Gruppe I geleitet hatte, zum Abwehrstellenleiter übernahm Ende 1939 Major Dr. Praetorius die Gruppe I, er war zuvor für das Referat I Wi (Wirtschaft) zuständig gewesen. Gruppe I bestand aus sieben Referaten: Referat I H (Heer) leitete Major Wolfgang Lips, der vor dem Krieg zeitweise in England gelebt haben soll. Ihm waren Major Herrlitz und Oberleutnant Sauber unterstellt, außerdem die Hauptleute Albrecht und Uthoff sowie Sonderführer Dr. Bensmann, die in den Abwehrnebenstellen Bremen und Flensburg dienten. Die Bedeutung des Referats I H wurde in der Berliner Zentrale nicht hoch eingeschätzt, denn bis zum Beginn des Afrikafeldzuges war das Interesse der Abwehr für die Heere der USA und Großbritanniens eher begrenzt, und nach der Landung der Alliierten an der nordafrikanischen Küste Ende 1942 fehlten dem Hamburger Heeresreferat die Informationsmöglichkeiten.

Referat I M (Marine) war das größte Referat der Gruppe I, geleitet wurde es seit 1938 von Korvettenkapitän von Wettstein, später von Korvettenkapitän Tornow. Weitere Mitarbeiter waren Kapitänleutnant Ahlrichs, Oberleutnant Dr. Cadmus, Hauptmann Dierks, Kapitänleutnant Krumbholz, Major Dr. Mandt, Kapitänleutnant Ernst Müller, Kapitänleutnant Obladen und Leutnant Sessler. In der Nebenstelle Bremen arbeiteten unter Korvettenkapitän Pheiffer die Kapitänleutnants Carl, Bendixen und Klaps für Referat I M. Schon in der Vorkriegszeit war von I M ein sogenannter Schiffbefragungsdienst unter dem ehemaligen Handelsmarinekapitän Ernst Müller eingerichtet worden, der wegen seiner guten Kontakte zu den Kapitänen deutscher Schifffahrtsgesellschaften zahlreiche Informationen über ausländische Hafenbefestigungen, Militärbasen und Kriegsschiffe beschaffen konnte. Mit Kriegsbeginn wurde zusätzlich ein sogenannter Schiffsmeldedienst aufgebaut, für den Funker und Schiffsoffiziere der Handelsmarine als Informanten angeworben wurden.

Referat I L (Luft) wurde von Hauptmann Nikolaus Ritter geleitet. Für ihn arbeiteten Hauptmann Boeckel, Sonderführer Dr. Krämer, Oberstleutnant Raydt, Hauptmann Dr. Schütze und kurze Zeit auch der spätere Korvettenkapitän Tornow. Hauptmann Wenzlau war für I L in der Abwehrnebenstelle Bremen stationiert. Außerdem gab es in Hamburg noch die Referate I Wi (Wirtschaft), I i (Agentenfunk) unter Trautmann, I T/LW (Luft/Technik) und I G (technische Abwehrmittel).

Eine eigene kleine Gruppe II (Sabotage und Zersetzung) existierte in Hamburg nur bis zum Mai 1941. Gruppe III war in neun Referate unterteilt: III H (Heer), III M (Marine), III L (Luft), III Wi (Wirtschaft), III C (Behörden), III C 2 (Spionageverdachtsfälle), III N (Nachrichtenverkehr), III Kgf. (Kriegsgefangene) und III F (Gegenspionage). Seit ihrer Gründung unterstand die Gruppe III Dr. Dischler, dem ehemaligen Referenten in Wilhelmshaven, Ende 1939 wurde Kapitänleutnant Liebenschütz sein Nachfolger.[11]

Noch viele Jahre nach dem Krieg wurde die Spionageausbildung der Hamburger Abwehrstelle von manchen hoch eingeschätzt. 1978 beschrieb sie der amerikanische Historiker David Kahn als »überaus vielseitig, gründlich und bis ins Einzelne durchdacht«.[12] Bis zum Herbst 1940, als die ersten Spione für das Unternehmen »Seelöwe« in Großbritannien eintrafen, gingen deshalb auch die britischen Geheimdienste MI 5 und MI 6 davon aus, dass ihr Counterpart – nach deutscher Tradition – gut organisiert, diszipliniert und deshalb effizient sei.

Schon der Vorgänger der Abwehr im Kaiserreich, der III B-Dienst, hatte während des Ersten Weltkriegs an den europäischen Fronten mit einigen Erfolgen aufwarten können, und infolge der unübersehbaren Aufrüstung im Führerstaat der Nationalsozialisten während der 1930er-Jahre nahm der Respekt der Briten weiter zu. Zu Kriegsbeginn waren MI 5 und MI 6 davon überzeugt, es mit einem gefährlichen Gegner zu tun zu haben. Tatsächlich wussten die Briten jedoch bis 1939 nur wenig über den deutschen militärischen Nachrichtendienst. Lange Zeit vermuteten sie sogar, er betriebe ausschließlich Spionageabwehr, keine aktive Spionage. Dennoch ist es nur eine Legende,[13] dass die Engländer bis kurz vor dem Krieg weder die offizielle Bezeichnung »Amt Ausland/Abwehr« gekannt noch eine Ahnung davon gehabt haben sollen, dass Admiral Canaris der Chef des Amtes war, wie es noch 1990 in der offiziellen britischen Geschichtsschreibung über die Einsätze der eigenen Nachrichtendienste während des Zweiten Weltkriegs behauptet wurde.[14]

MI 5 – Security Service

Der Gegenspieler des Amtes Ausland/Abwehr, der britische Geheimdienst, entstand ebenfalls vor dem Ersten Weltkrieg. Im Oktober 1909 richtete das britische Kriegsministerium gemeinsam mit der Admiralität das »Secret Service Bureau« ein, einen Spionageabwehrdienst zum Schutz der britischen Marine und ihrer Häfen gegen Spione des deutschen Kaiserreichs. Zu Beginn arbeiteten für den Dienst nur zwei Offiziere: Hauptmann Vernon G. W. Kell und Fregattenkapitän Mansfield Cumming. Später kam zur Spionageabwehr eigene Spionage hinzu, und es bildeten sich zwei voneinander unabhängige Dienste: Kell wurde Leiter des Inlandsgeheimdienstes und damit zuständig für den Schutz des Inselreichs, der Auslandsgeheimdienst wurde Cumming unterstellt und hatte die Aufgabe, potenzielle Gegner auszuforschen. Auf Cumming geht der Deckname »C« zurück, den auch seine Nachfolger im Amt des Spionagechefs bis in die jüngste Zeit verwendeten, weil er alle Dokumente mit seinem Initial »C« abzuzeichnen pflegte.[15]

1916 wurde für den Inlandsgeheimdienst die Bezeichnung »MI 5« (Military Intelligence, Section 5) eingeführt, einige Jahre später erhielt der Auslandsgeheimdienst parallel dazu die Bezeichnung »MI 6« (Military Intelligence, Section 6). Heute heißen die beiden Geheimdienste offiziell »Security Service« für MI 5 und »Secret Intelligence Service« (SIS) für MI 6. Beide Geheimdienste umgaben sich jahrzehntelang mit einer undurchdringlichen Aura des Geheimnisvollen. So spottete noch vor kurzem der britische Historiker Michael Howard: »Nach der offiziellen Sprachregelung britischer Regierungen gibt es in England gar keine Geheimdienste. Agenten werden unter Stachelbeerbüschen entdeckt und geheime Informationen bringt der Storch.«[16]

Zu Beginn seiner Aktivitäten konnte der britische Inlandsgeheimdienst beachtliche Erfolge verzeichnen. Obwohl Kell in seiner Organisation kurz vor dem Ersten Weltkrieg kaum mehr als ein Dutzend Mitarbeiter beschäftigte, gelang es ihm, die gefürchtete Spionagetätigkeit des deutschen Kaiserreichs, die in Großbritannien eine geradezu landesweite Hysterie ausgelöst hatte, fast völlig lahmzulegen: Noch vor dem Krieg wurden etwa zwanzig verdächtige Personen enttarnt, beschattet und bei Kriegsbeginn sofort festgenommen – die Zahl der verhafteten Spione überstieg damit die Zahl ihrer Jäger.

Während der Kriegsjahre – inzwischen zählte der Dienst über 800 Mitarbeiter – wurden mehr als dreißig weitere Spione entdeckt, von denen elf hingerichtet wurden. Damit erreichte Kell, dass die Deutschen bis Kriegsende fast vollständig von Informationen über die Britischen Inseln abgeschnitten waren.

Nach dem Krieg wurde MI 5 das Budget kräftig gekürzt, von 100 000 Pfund auf nur noch 35 000 Pfund pro Jahr, und die Belegschaft bestand 1920 aus nur noch 151 Mitarbeitern. Unterstützung bei den Protesten gegen weitere Kürzungen kam vor allem vom damaligen Kriegsminister Winston Churchill, der zeit seines Lebens von geheimdienstlichen Aktivitäten fasziniert war.[17] Dennoch gingen die finanziellen und personellen Einsparungen in den folgenden Jahren weiter, 1929 arbeiteten nur noch 13 Offiziere für MI 5, was die Leistungsfähigkeit beträchtlich einschränkte und sogar dazu führte, dass der Auslandsgeheimdienst MI 6 – entgegen der festgelegten Aufgabenteilung – zeitweise mit eigenen Agenten und Nachforschungen auch im Inland tätig wurde.

Während dieser Jahre zeigte MI 5 nur wenig Interesse für Deutschland. Im März 1933, nach dem Reichstagsbrand und der darauf folgenden Verhaftungswelle gegen Kommunisten, Sozialdemokraten und Gewerkschafter, hieß es in einem Kommentar der ›Times‹: »So sehr auch ausländische Freunde des Landes die Gräuel, die Deutsche Deutschen antun, beklagen mögen ... all das geht nur Deutschland etwas an ... Nichts weist darauf hin, dass der neue Reichskanzler außenpolitisch das Maß verlieren wird.«[18]

Diese Worte entsprachen der Auffassung von MI 5: Die Weimarer Republik mit ihrer reduzierten Armee, dem entmilitarisierten Rheinland, politischer Instabilität und einer extremen Inflation sah man nicht als Bedrohung für die Sicherheit des eigenen Landes. Stattdessen konzentrierte man sich mit den verbliebenen geringen Ressourcen auf die Abwendung der »roten Gefahr«, die von der Sowjetunion und der Kommunistischen Internationale ausging. Dabei fürchtete MI 5 weniger das Eindringen von Spionen als vielmehr die Subversion bei den eigenen Truppen und die Sabotage militärischer Einrichtungen. Neben der CPGB (Communist Party of Great Britain) wurden Pazifisten, Wehrdienstverweigerer und Arbeiterorganisationen überwacht – Bevölkerungsgruppen, denen staatsfeindliche Absichten unterstellt wurden. Unbemerkt blieb trotzdem, dass der sowjetische Geheimdienst NKWD während dieser Zeit Spione und Sympathisanten im britischen Establishment rekrutierte. Bekannt sind vor allem die ehemaligen Cambridge-Studenten Harold »Kim« Philby, Donald MacLean, Guy Burgess und Anthony Blunt, die erst nach dem Krieg enttarnt wurden. Während des ganzen Jahres 1933 »schenkte MI 5 dem Nationalsozialismus praktisch keine Aufmerksamkeit, und die Regierung in Whitehall erwartete in dieser Hinsicht auch nichts«.[19]

Erst in den folgenden Jahren, nicht zuletzt wegen des Zulaufs, den Oswald Mosleys British Union of Fascists (BUF) verzeichnete, begann MI 5, im Faschismus und Nationalsozialismus eine Gefahr zu erkennen. Vor allem Einreisende aus Ländern wie Deutschland, Österreich und Italien sowie die ultrarechten Gruppen im eigenen Land wurden unter Beobachtung gestellt, um auszuschließen, dass rechte Sympathisanten als »Fünfte Kolonne« im Untergrund für den Feind arbeiteten.

Mit großer Klarsicht analysierte MI 5 schließlich im Juni 1936: »Keiner der mit Deutschland oder Italien geschlossenen Verträge bietet Verlass; jede eingegangene Verpflichtung kann ohne Vorwarnung wieder aufgehoben werden, wenn sie einem Vorhaben im Weg steht, das die Diktatoren dieser Staaten als entscheidend für das Interesse ihrer Länder einschätzen … Außerdem sind Hitlers Aussagen in seinem Buch ›Mein Kampf‹ in Bezug auf ›Wehrpolitik‹ definitiv keine unbedachten Äußerungen.«[20] Doch erst knapp drei Jahre später, im März 1939, fand diese Warnung ein Echo durch Premierminister Chamberlain, der vor dem Kabinett eingestand: »Man darf keiner Versicherung der Nazi-Führer trauen.«[21]

Zu Kriegsbeginn stand MI 5 vor Herausforderungen, die den Dienst beinahe überforderten. Alle Deutschen und Österreicher, die vom Tag der Kriegserklärung an, dem 3. September 1939, als potenzielle feindliche Ausländer galten, sollten zwar nicht – wie noch zu Beginn des Ersten Weltkriegs – interniert, aber doch genau überprüft werden. Für die Kontrolle dieser Personengruppe, die nach den Listen der britischen Polizei, bei der sich jeder Ausländer registrieren lassen musste, weit mehr als 70 000 Personen umfasste, standen MI 5 weniger als 100 Offiziere zur Verfügung. Um diese Aufgabe zu bewältigen, wurden zusätzlich 120 Richter bestimmt, die mit je einem Polizeioffizier als Protokollant an ihrer Seite Einzelbefragungen durchzuführen hatten. Je nach Ergebnis der Untersuchung wurden die Kandidaten anschließend von MI 5 in drei Gruppen eingeteilt: Kategorie A bedeutete sofortige Verhaftung und Internierung, darunter fielen rund 600 Personen, über die MI 5 bereits seit Jahren Material gesammelt hatte. In Kategorie B kamen etwa 6800 Personen, die strengen Auflagen unterworfen wurden: Sie durften weder ein Auto noch ein Fahrrad besitzen, auch kein Boot oder Flugzeug und schon gar keine Schusswaffen, und sich ohne polizeiliche Erlaubnis nicht weiter als fünf Meilen von ihrem Wohnort entfernt aufhalten – denjenigen, die in London lebten, wurde etwas mehr Bewegungsfreiheit zugestanden. Nur die in Kategorie C Eingestuften, immerhin die große Mehrheit, durften sich weiterhin frei bewegen. Im Frühsommer 1940 allerdings, als die deutsche Invasion drohte, wurde die Überwachung weiter verschärft. Ab Mai wurden auch alle Männer zwischen 16 und 60 Jahren aus Kategorie B interniert, später sogar alle Frauen aus dieser Kategorie.

Der hohe Personalaufwand, den diese inländische Kontrolle verschlang, führte zwangsläufig dazu, dass MI 5 nicht mehr über viele weitere Mitarbeiter verfügte, die gegen Spionage aus dem Ausland eingesetzt werden konnten. Die Situation wurde nicht einfacher, als im Juni 1940 der neue Premierminister Churchill den inzwischen fast 70-jährigen MI-5-Chef Kell entließ. Sein Nachfolger, Brigadier Oswald Allan Harker, war so offenkundig dem Amt nicht gewachsen, dass er schon im April 1941 seinen Posten wieder abgeben musste.

Im Herbst 1939 war MI 5 im Wesentlichen wie folgt aufgebaut:

– Division A, die Verwaltung, wurde von Oberst Charles Butler geleitet und war unter anderem für Finanzen, Transport, Rechtsfragen, Personal und das Archiv zuständig.
– Division B betrieb Spionage- und Sabotageabwehr, ihr Direktor war ab Juni 1940 Hauptmann Guy Liddell. Unterstützt wurde die zunächst relativ kleine Division von anderen nachrichtendienstlichen Organisationen wie dem Radio Security Service (RSS) unter der Leitung des Historikers Hugh Trevor Roper. Der Division B unterstand auch das Lager Camp 020 im Latchmere House in Ham Common bei Richmond, wo Liddells Mitarbeiter der Spionage Verdächtige in Haft hielten und verhörten, sowie die Kontrollstelle der britischen Post.
– Division C überprüfte zukünftige Mitarbeiter auf Sicherheitsrisiken.
– Division D hielt die Verbindung zum Kriegsministerium und zu den Sicherheitsabteilungen von Marine und Luftwaffe.
– Division E überwachte die Ausländer, Division F trug die Verantwortung für die Sicherheit in den Kolonien und Common-

wealth-Ländern und beobachtete zusätzlich die politischen Parteien.

Bis zum Herbst 1939 befand sich das Hauptquartier von MI 5 im Thames House, Millbank 11, in der Nähe der Lambeth Bridge. Da die Zahl der Mitarbeiter während der Kriegsjahre fortlaufend anstieg – von 36 Offizieren und 133 Büroangestellten im Juli 1939 auf 230 Offiziere und 617 Bürokräfte im Januar 1941[22] – und der Büroraum knapp wurde, zog MI 5 am 27. August 1939 nach Wormwood Scrubs um, einem Gefängnis im Westen Londons, das in manchen seiner Gebäudeteile weiterhin Häftlinge beherbergte. Als die deutsche Luftwaffe im Spätsommer 1940 begann, London zu bombardieren, wechselte der Geheimdienst noch einmal sein Hauptquartier. Der neue Standort wurde Blenheim Palace, das Geburtshaus Churchills in Woodstock bei Oxford. Nur der Direktor und einige wenige Offiziere, vor allem aus Division B, blieben in London.

Division B war der eigentliche Gegenspieler von Abwehr I. Ihr Direktor Guy Maynard Liddell, geboren 1892, hatte vor dem Ersten Weltkrieg in Deutschland Musik studiert. Während des Krieges kämpfte er als Hauptmann in einer Artillerieeinheit. Von 1919 an arbeitete er für die »Special Branch« der Metropolitan Police, die eng mit MI 5 kooperierte. Im Oktober 1931 wurde Liddell zu MI 5 versetzt und kam zu Division B als stellvertretender Leiter unter Harker. Nach der Entlassung Kells 1940, als Harker zeitweise die Position des Chefs von MI 5 innehatte, wurde Liddell zum Direktor von Division B ernannt, dieses Amt behielt er bis zum Kriegsende. Verheiratet war er seit 1926 in wenig glücklicher Ehe mit Calypso Baring, der Tochter eines irischen Lords, einer attraktiven und exzentrischen Frau. Nachdem sie sich von ihm getrennt hatte und mit den gemeinsamen vier Kindern in die USA gezogen war, ließ sich das Paar 1943 scheiden. Danach lebte Liddell nur noch für seine Arbeit und sein Cellospiel. Er soll ein hervorragender Musiker gewesen sein. Von 1945 bis 1952 amtierte Liddell als stellvertretender Generaldirektor von MI 5. Seine langjährigen dienstlichen Kontakte mit den später enttarnten Sowjetspionen Burgess und Blunt verhinderten seine weitere Beförderung, obwohl eine Untersuchung ergab, dass er von ihrer Spionagetätigkeit nie gewusst hatte. Am 2. Dezember 1958 erlag Liddell im Alter von 66 Jahren einem Herzanfall.

Liddells engste Mitarbeiter waren sein Stellvertreter Dick Goldsmith White, Charles Henry Maxwell Knight, John »Jack« Curry, Thomas Argyll »Tar« Robertson und Robin »Tin Eye« Stephens. White, Jahrgang 1906, hatte in Oxford und zwei Jahre in den USA an den Universitäten Michigan und Berkeley Geschichte studiert. Anfang 1936 begann er bei MI 5, nachdem er mehrere Monate in München und Berlin zugebracht hatte, um seine Deutschkenntnisse zu verbessern. Von 1953 bis 1956 war er Generaldirektor von MI 5, von 1956 bis 1968 Chef von MI 6 und von 1968 bis 1972 Geheimdienst-Koordinator der britischen Regierung – eine Position, die erst für ihn geschaffen wurde. 87-jährig starb White im Februar 1993.

Maxwell Knight, geboren im September 1900, war ein ehemaliger Marineoffizier mit rechtslastigen Ansichten. 1924 schloss er sich sogar den »British Fascisti« an. 1925 wurde er von Kell zu MI 5 geholt, um die Kommunistische Partei mit Agenten zu unterwandern, was ihm erfolgreich gelang. Seit 1929 gehörte er zu Division B und besaß unter einem Decknamen ein eigenes Büro im Dolphin Square, in der Nähe der MI-5-Zentrale. Erst 1940 erkannte auch Knight den Faschismus als ernst zu nehmende Gefahr und ließ zahlreiche Anhänger der British Union of Fascists und des sogenannten Right Club, der mit dem Nationalsozialismus sympathisierte, internieren. Auch die Enttarnung der britischen Nazi-Spione Anna Wolkoff und Tyler Kent war ein Erfolg Knights. Nach dem Krieg veröffentlichte er neben seiner MI-5-Arbeit vielbeachtete Bücher über Naturkunde und war leidenschaftlicher Ornithologe. Unter anderem zähmte er Kuckucke. 1956 quittierte er den Dienst bei MI 5 aus gesundheitlichen Gründen, im Januar 1968 starb er.

»Jack« Curry war wohl der Erste bei MI 5, der die Nazi-Bedrohung richtig einschätzte und die Gefahr erkannte, die Mosleys BUF für England bedeuten konnte. Nach 25 Jahren im Polizeidienst in Indien wurde er 1934 von MI 5 angeworben. Während der Kriegsjahre leitete er Division F, die eng mit Division B kooperierte.

»Tar« Robertson stand der Unterabteilung B1a vor, die für Doppelagenten zuständig war – von der deutschen Abwehr rekrutiert, nach England eingeschleust, verhaftet und von MI 5 »umgedreht«. Mit seiner Maxime, »die goldene Regel bei der Führung eines Agenten lautet, dass jede Nachricht, die ein Agent an die Abwehr sendet, den Stempel seiner Persönlichkeit tragen muss«,[23] galt er als einer der besten Agentenführer bei MI 5. 1909 auf Sumatra als Sohn eines schottischen Bankiers geboren, aber in England zur Schule gegangen, hatte Robertson die Militärakademie Sandhurst absolviert. Seine Sandhurst-Jahre soll er ausgiebig mit Partys, Sport und Sportwagen genossen haben, anschließend arbeitete er einige Jahre bei einer Londoner Bank und im Polizeidienst in Birmingham. Zu MI 5 kam er 1933 durch die Empfehlung von John Kell, dem Sohn des MI-5-Chefs, der sein Internatsfreund war. 1948 verließ Robertson MI 5 und zog sich auf ein Landgut in Worcestershire zurück. Er starb im Mai 1994. Viele seiner Erfolge verdankte Robertson nicht zuletzt den Hinweisen, die die Unterabteilung B1b unter der Leitung des Juristen Herbert Hart aus der Decodierung und Analyse von Abwehr-Funksprüchen liefern konnte.

Stephens, der seinen Spitznamen »Tin Eye« erhielt, weil er ein Monokel trug, das in sein rechtes Auge festgeklebt schien, war 1900 in Alexandria geboren. Er war Berufsoffizier geworden und hatte in der Armee in Indien gedient. 1932 kehrte er nach England zurück und wurde MI 5 zugeteilt. Im Sommer 1940 übernahm er die Leitung von Camp 020, wo alle der Spionage Verdächtigen inhaftiert und verhört wurden. Stephens sprach fließend Urdu und Arabisch, aber auch Französisch, Deutsch und Italienisch, hielt allerdings von den meisten Europäern nichts. Besonders verhasst waren ihm die Deutschen. Doch trotz seiner Vorurteile zeigte Stephens als Leiter von Camp 020 eine »bemerkenswerte Fähigkeit in der Beurteilung von individuellen Charakteren«.[24] Während es in Camp 020 nie zu Übergriffen gegen die rund insgesamt 480 Gefangenen kam, wurde Stephens nach dem Krieg wegen Misshandlungen von deutschen Häftlingen im britischen Kriegsgefangenenlager in Bad Nenndorf angeklagt, jedoch nicht verurteilt. Der erste bedeutende Beitrag, den Stephens und Camp 020 zur britischen Kriegführung leisteten, begann mit den Verhören der deutschen Spione im Herbst 1940.

Den geringen Kenntnissen der britischen Nachrichtendienste über das Amt Ausland/Abwehr zu Kriegsbeginn 1939 stand die Unwissenheit der Deutschen über MI 5 um nichts nach. Nach dem Krieg tauchte ein »Informationsheft Großbritannien« auf, das 1940 vom Reichssicherheitshauptamt zur Vorbereitung auf das Unternehmen »Seelöwe« zusammengestellt worden war. Die darin enthaltenen Informationen stammten aus Aussagen von zwei festgenommenen MI 6-Agenten und vermittelten ein recht genaues Bild der Aktivitäten und der Mitarbeiter von MI 6, gaben aber nur wenig Greifbares über MI 5 her. Der Historiker Nigel West zog daraus den Schluss: »Falls die Invasion stattgefunden hätte, wäre zweifellos fast die gesamte MI-6-Führungsriege in die Hände der Gestapo gefallen, aber MI 5 wäre immer noch für die Deutschen eine unbekannte Größe geblieben.«[25]

MI 6 – Special Intelligence Service

Wie MI 5 war auch der Auslandsgeheimdienst MI 6 nach dem Ersten Weltkrieg gezwungen zu sparen. Statt der gewünschten 125 000 Pfund Sterling pro Jahr wollte die Regierung 1920 nur ein Budget von 65 000 Pfund bewilligen. Mit der Unterstützung des damaligen Kriegsministers Churchill erreichte Amtschef Cumming, dass das Budget bis 1923 immerhin auf 90 000 Pfund festgesetzt wurde, obwohl die Zahl der Offiziere, die für MI 6 arbeiteten und die 1919 noch knapp 50 betragen hatte, bis 1923 auf nur noch 16 gesunken war.[26]

Auch MI 6 sah während der 1920er-Jahre die Hauptbedrohung für das Vereinigte Königreich im Kommunismus und investierte seine knappen finanziellen Mittel vor allem in die Auskundschaftung der UdSSR, dabei wurde auf die Informationsbeschaffung über Deutschland weitgehend verzichtet. Das änderte sich auch nicht, als nach Cummings Tod im Juni 1923 Admiral Hugh Sinclair sein Nachfolger wurde. Bis in die 1930er-Jahre fehlten dem Auslandsgeheimdienst gut positionierte Leute in Deutschland und in seinen Nachbarländern. Als der Aufstieg der Nationalsozialisten begann, war MI 6 in Berlin mit nur zwei Offizieren vertreten, in Frankfurt, Köln, Hamburg und München mit nur je einem, und auch Informanten von MI 6 soll es in Deutschland nur sehr wenige gegeben haben, deren Informationen zudem nicht immer verlässlich waren.[27]

1935 verlangte Sinclair energisch – und am Ende auch erfolgreich – eine Aufstockung des MI-6-Budgets, um Deutschland effizient ausspionieren zu können: »Praktisch die einzigen Informationsquellen über die deutsche Wiederbewaffnung, die MI 6 besitzt, sind die Veröffentlichungen der deutschen Regierung. Sehr viel mehr wäre erreicht worden, wenn uns adäquate Mittel zur Verfügung ständen«,[28] beklagte er sich.

Davon überzeugt, dass ein Krieg mit Deutschland unausweichlich war, begann Sinclair Mitte der 1930er-Jahre mit einigen notwendigen Reformen, um MI 6 für die zukünftigen Herausforderungen zu stärken. So vergrößerte er seinen Mitarbeiterstab beträchtlich und richtete eine Spezialabteilung, »Section D«, ein. Diese neue Sektion sollte, wie es formuliert wurde, »alternative Formen der Kriegführung« prüfen und gegebenenfalls einsetzen – dabei handelte es sich um Sabotage und paramilitärische Kommandounternehmen.[29]

Die Zuständigkeiten der anderen Abteilungen blieben weitgehend erhalten: Section I und Section II sammelten politische und militärische Informationen aus dem Ausland, Section III war zuständig für die Flotten, Section IV für die Luftwaffen der potenziellen Gegner. Section V befasste sich mit Gegenspionage, Section VI war für die Industrie zuständig. Section VII fungierte als Finanzabteilung, die Aufgaben von Section VIII bzw. IX waren Kommunikation und Dechiffrierung. Die Presse schließlich wurde von Section X bearbeitet.

Zusätzlich ließ Sinclair die seit 1919 bestehende »Government Code and Cypher School« (GC and CS, heute »Government Communications Headquarters«), ausbauen, die ab Herbst 1938 vom Landsitz Bletchley Park aus, etwa 75 Kilometer nördlich von London, operierte. »Station X« in Bletchley Park hatte die Aufgabe, die Codes der feindlichen Funkmeldungen zu entziffern, die über den Radio Security Service (RSS) aufgefangen wurden. Neben professionellen Funkern arbeiteten seit Kriegsbeginn für den RSS auch viele Funkamateure mit ihren eigenen Kurzwellenempfängern, die vor allem die Sendungen der deutschen Geheimdienste Abwehr und SD aufzeichneten und an »Station X« weiterleiteten. Im Lauf des Jahres 1940 gelang es den dort beschäftigten Kryptologen, alle Handschlüsselverfahren der Abwehr zu entziffern. Ab Dezember 1941 entzifferten sie zusätzlich die mit der »Enigma« verschlüsselten Funksprüche aus dem Führungsnetz der Abwehr. Dabei profitierten die Kryptologen auch von deutschen Fehlern. Nach Ansicht des deutschen Nachrichtentechnikers Rudolf Staritz, der selbst während des Krieges als Funker für das Amt Ausland/Abwehr arbeitete, verfügte die Abwehr nur über wenig kryptologischen Sachverstand: So gab es zum Beispiel keine einheitlichen, geprüften Chiffrierverfahren im Agentenfunkverkehr, jeder Agentenführer »bastelte« sich für die Kommunikation seine eigenen Methoden, deren Entzifferung in Bletchley Park nicht schwer fiel.[30]

Eine längst überfällige Änderung setzte Sinclair ebenfalls durch: Bisher hatten die MI-6-Außenposten unter der Deckung der »Passport Control Offices« in den britischen Botschaften gearbeitet. Der offensichtliche, aber vorher nie bemängelte Nachteil dieser Regelung war, dass jeder, der im Ausland um ein Visum für Großbritannien nachsuchte, den zuständigen Passport-Control-Officer, der gleichzeitig MI-6-Offizier war, persönlich kennenlernte – ein Geschenk für die deutsche Spionageabwehr. Stattdessen ließ Sinclair, wie es die Geheimdienste anderer Länder längst praktizierten, im Ausland Scheinfirmen einrichten und besetzte ihre Büros mit MI-6-Mitarbeitern. Vorausschauend lagerte Sinclair auch Teile seiner Organisation ins Londoner Umland aus, weil er für den Kriegsfall deutsche Luftangriffe auf London erwartete. Die neue »Section D« wurde auf einem Landsitz in Hertfordshire untergebracht, und nur das Hauptquartier von MI 6 blieb, wo es seit Mitte der 1920er-Jahre angesiedelt war: 54, Broadway, im Zentrum Londons.

Doch trotz dieser Reformen war MI 6 zu Kriegsbeginn immer noch keine schlagkräftige Truppe. Die Außenstationen waren stark dezimiert: Nach der Verhaftung des Leiters der Station Wien im August 1938 durch die Gestapo war diese Station ganz aufgelöst worden. Als Vorsichtsmaßnahme war anschließend auch das Personal der Stationen Prag, Warschau, Bukarest und Berlin abgezogen worden. Zwar wurden diese Außenposten einige Wochen später wieder besetzt, aber der Informationsfluss war ins Stocken geraten, und mit Kriegsbeginn kam die endgültige Schließung auch dieser Stationen. Der sowjetische Einmarsch in Finnland Ende 1939 führte zudem zur Räumung des Postens in Helsinki, und die Station in Den Haag, die von den Deutschen unterwandert worden war, wurde am 9. November 1939 nach dem sogenannten Venlo-Zwischenfall aufgelöst. Damals wurden die beiden MI-6-Offiziere R.H. Stevens und S.P. Best von Mitarbeitern des SD, die sich als Hitler-Gegner aus der Wehrmacht ausgegeben und um ein Treffen gebeten hatten, an der deutsch-holländischen Grenze bei Venlo überfallen und nach Deutschland verschleppt. Ein holländischer Geheimdienstoffizier, der die Engländer begleitet hatte, kam dabei ums Leben. Als Folge dieses Ereignisses war nicht nur die MI-6-Station in Den Haag kompromittiert, sondern seitdem begegnete die britische Regierung auch allen Bitten des deutschen Widerstands um Unterstützung mit misstrauischer Ablehnung.

Als nach Sinclairs Tod Generalmajor Stewart Menzies im November 1939 die Leitung des Auslandsgeheimdienstes übernahm, erwartete ihn eine schwere Aufgabe: »Die Schlachtordnung, die er erbte, war, milde formuliert, für einen neuen Krieg mit Deutschland schlecht aufgestellt.«[31]

Kapitel III
Die Invasionsspione

In den Jahren vor 1940 fanden nur wenige Spionageaktionen des Amtes Ausland/Abwehr gegen Großbritannien statt. Noch Anfang 1935 hatte Hitler sogar den Einsatz von Spionen gegen die britischen Inseln grundsätzlich verboten, um die gegenseitigen Beziehungen nicht zu belasten. 1937 hob er zwar seinen Spionage-Bann auf, aber auch in der folgenden Zeit bis zum Herbst 1940 blieb die Ausforschung des Inselreichs eher zurückhaltend: Man gab sich zufrieden mit Informationen von Seeleuten, die britische Häfen anliefen, oder von Geschäftsleuten, die Reisen nach England unternahmen, und ab und zu von Nazi-Sympathisanten aus Mosleys British Union of Fascists. Meist handelte es sich dabei um beiläufig gewonnene Beobachtungen, kaum um militärische Geheimnisse. Im ersten Kriegsjahr verschlechterte sich die Informationsausbeute noch, denn deutsche Bürger durften nicht mehr nach Großbritannien einreisen, und die im Land Ansässigen wurden überwacht oder sogar interniert. Der Einzige, der nach dem Herbst 1939 noch in der Lage war, die Abwehr mit Nachrichten von der Insel zu versorgen, war ein Engländer: Arthur George Owens, der bei der Abwehr den Decknamen »Johnny« trug.

SNOW – ein Vorspiel

Was die Deutschen nicht wussten, war, dass »Johnny« unter seinem englischen Decknamen SNOW – ein Anagramm seines Nachnamens Owens – als Doppelspion tätig war.[1] Der Elektroingenieur Owens, geboren 1899 in Wales, hatte 13 Jahre in Kanada gelebt und war 1933 nach Großbritannien zurückgekehrt. In London gründete er seine eigene Firma, Owens Battery Company Ltd., die ihre Batterien unter anderen an die Royal Navy, aber auch an die deutsche Kriegsmarine verkaufte. Über einen Geschäftsbekannten kam er in Kontakt mit einem Nachrichtenoffizier der britischen Admiralität, der ihn an den Auslandsnachrichtendienst MI 6 weiterreichte. Bei Reisen zu norddeutschen Werften sammelte Owens im Auftrag von MI 6 ab und zu einige Informationen aus dem Schifffahrtsbereich, bis sein MI-6-Führungsoffizier Ende 1936 entdeckte, dass Owens hinter dem Rücken seiner Auftraggeber mit einer Deckadresse des Amtes Ausland/Abwehr in Hamburg kommunizierte und sogar ein Treffen mit einem Abwehrmitarbeiter in Köln vereinbart hatte. MI 6 ließ ihn zwar reisen, nahm ihn aber bei seiner Rückkehr in Dover sofort in Haft.

Owens gestand schnell, dass ihm ein deutscher Ingenieur mit dem Namen »Konrad Pieper« angeboten habe, für die Abwehr zu arbeiten, und ihn mit einem »Herrn Müller« von der Hillermann AG in Hamburg und mit einem »Dr. Rantzau« von der Firma Reinhold & Co, ebenfalls in Hamburg, bekannt gemacht habe. »Herr Müller« konnte sofort von MI 6 als Hauptmann Dierks aus dem Marinereferat der Abwehrstelle Hamburg enttarnt werden. »Dr. Rantzau« dagegen war damals weder MI 6 noch MI 5 bekannt, erst später wurde er als Nikolaus Ritter aus dem Referat I L (Luft) der Abwehrstelle Hamburg identifiziert. Bei »Konrad Pieper« könnte es sich um Major Otto Pieper aus dem Hamburger Heeresreferat I H gehandelt haben.[2]

Nach diesem Geständnis kam Owens zwar auf freien Fuß, aber ihm wurde jeder weiterer Kontakt mit den Deutschen untersagt. Als sich herausstellte, dass Owens gar nicht daran dachte, sich an die MI-6-Auflage zu halten, wurde sein Fall an MI 5 weitergegeben, wo sich »Tar« Robertson aus Division B seiner annahm. Anstatt ihn unter Druck zu setzen, ließ Robertson Owens am langen Zügel, aber unter ständiger Aufsicht laufen, in der Gewissheit, ihn, wenn nötig, sofort festnehmen zu können. Mehr als zwei Jahre lang hielt Owens so unter MI-5-Kontrolle regelmäßigen Kontakt mit »Dr. Rantzau« in Hamburg, ohne der Abwehr etwas von Bedeutung berichten zu können.

1939 begann die Abwehrstelle Hamburg, ihren V-Mann stärker zu aktivieren: Owens erhielt die Agentennummer »A 3504« und den Decknamen »Johnny«. Im Diplomatengepäck der deutschen

Botschaft in London wurde für ihn ein Funkgerät transportiert, das er bei der Gepäckaufbewahrung der Londoner Victoria Station abholen konnte, ohne dass MI 5 etwas bemerkte. Im August wurde er von den Hamburgern nach Deutschland bestellt – MI 5 spiegelte er eine Urlaubsreise vor, die ihm nicht gestattet worden wäre, hätte man gewusst, dass er sich nicht zurückmelden würde. Erst am 4. September, drei Tage nach Kriegsbeginn, tauchte Owens wieder auf. Er wurde sofort verhaftet und von MI 5 so unter Druck gesetzt, dass er sich schließlich bereit fand, nicht nur das Versteck seines Funkgeräts und seiner Schlüsselunterlagen sowie seine jüngsten Anweisungen aus Hamburg zu offenbaren, sondern auch zustimmte, als Doppelspion für die Briten zu arbeiten. Von da an führte er als SNOW nach MI-5-Anweisungen aus dem Gefängnis Wandsworth seinen Funkverkehr mit der Hamburger Abwehrstelle.

SNOWs erster Funkspruch war für MI 5 ein Rätsel, das ohne seine Hilfe nicht lösbar war: »Sofort Treffen in Holland. Wetter-Code bringen. Stadt und Hotel funken. Wales fertig.« Owens Erklärung lautete, dass die Abwehr von ihm vor allem tägliche Wetterberichte erwarte und dass er nun, nach der Kriegserklärung Großbritanniens, dafür einen neuen verkürzten Code von der Abwehr verlange, um nicht mehr so viel Sendezeit für seine Funksprüche zu benötigen. Die Frage nach Stadt und Hotel sei die Aufforderung, einen neuen Treffpunkt zu vereinbaren, und »Wales« bezöge sich auf seine Weisung, Mitglieder der Welsh Nationalist Party für die Deutschen anzuwerben, die zu Sabotageaktionen gegen England bereit sein könnten.

MI 5 war begeistert von den Möglichkeiten, die die Zusammenarbeit mit Owens versprach, obwohl bis dahin bei den britischen Militärs die Praxis, einen feindlichen Agenten »umzudrehen« und mit seiner Hilfe den Gegner zu täuschen, eher als kontinentale Ehrlosigkeit angesehen wurde. Aber im Kampf gegen den Nationalsozialismus schienen diese Bedenken übertrieben. Als Erstes erfand MI 5 für Owens einen walisischen Spionage- und Sabotagering und ließ ihn dafür Geld und Richtlinien von der Abwehr anfordern.

Ende September organisierte MI 5 für Owens eine Reise in das noch neutrale Ausland über Rotterdam nach Antwerpen, um dort »Dr. Rantzau« und seinen Assistenten Karl Heinz Krämer zu treffen. Zurück in England, konnte Owens zu MI 5's Freude berichten, dass die Abwehr ihm offenbar vertraute, denn sie habe ihm geglaubt, dass seine trotz der Kriegssituation problemlose Reise nach Belgien auf seine guten geschäftlichen Vorkriegsverbindungen zurückzuführen sei. Ende Oktober reiste Owens erneut nach Antwerpen, diesmal begleitet von seinem angeblich angeworbenen walisischen Unteragenten und Saboteur Gwilym Williams. Dieser wurde bei MI 5 unter dem Decknamen »GW«[3] geführt und war ein ehemaliger Polizeioffizier aus Wales. Owens stellte ihn den Hamburger Abwehroffizieren »Dr. Rantzau«, Kapitänleutnant Lothar Witzke und Major Brasser als glühenden walisischen Nationalisten vor. Williams gab sich als Experte für Sprengstoff aus und versicherte, sofort mit Sabotageaktionen in England beginnen zu können, wenn er das nötige Material erhalten habe – das allerdings nie aus Deutschland eintraf.

Während des nächsten halben Jahres gab es zwar regelmäßige Funkkontakte zwischen Owens und der Abwehrstelle Hamburg, aber erst im Frühjahr 1940 hatte die Abwehr ein neues Projekt für »Johnny« entwickelt. Owens sollte einen weiteren Mann als Unteragenten anwerben und ihn »Dr. Rantzau« bei einem Treffen auf einem Schiff in der Nordsee vorstellen. Diesen ungewöhnlichen Treffpunkt wählte »Rantzau«, weil wegen der bevorstehenden Westoffensive ein Treffen in Belgien nicht mehr opportun schien.

Das Rendezvous sollte im Mai stattfinden – MI 5 stellte einen Kutter und den passenden Mann zur Verfügung –, aber es missglückte völlig. Der MI-5-Agent – für die Deutschen ein Engländer mit Namen »Sam McCarthy«, bei MI 5 anfangs mit dem Decknamen MAC,[4] später als BISCUIT[5] bezeichnet, verdächtigte Owens, immer noch auf der Seite der Deutschen zu stehen und die Briten hintergehen zu wollen. Als schon zwei Tage vor dem verabredeten Termin ein Wasserflugzeug über dem Kutter kreiste und das vereinbarte Erkennungszeichen gab, fesselte MAC/BISCUIT Owens und wies den Kapitän an, sofort den nächsten Hafen anzulaufen. Owens bekannte am folgenden Tag im MI-5-Verhör, dass er sich tatsächlich wie ein deutscher Spion verhalten habe, aber nur, weil er wiederum BISCUIT des Doppelspiels verdächtigt habe. Am nächsten, dem ursprünglich festgesetzten Tag schickte MI 5 den Kutter noch einmal los, diesmal sogar mit einem U-Boot als Begleitung, um »Dr. Rantzau« zu fassen, aber starker Nebel vereitelte das gesamte Unternehmen.

Nur mit Mühe gelang es Owens, die Hamburger Abwehr nach dem gescheiterten Treffen zu überzeugen, dass allein der Nebel für das Misslingen des Unternehmens verantwortlich war. Ein neues Treffen wurde für den Juli in Lissabon vereinbart. Dort inspizierte und billigte »Dr. Rantzau« BISCUIT als neuen Mitarbeiter der Abwehr, übergab ihm ein Funkgerät, 3000 Dollar Bargeld und außerdem einen Fragenkatalog, der zahlreiche Informationswünsche der Abwehr enthielt. Im Gegenzug erhielt »Dr. Rantzau« von BISCUIT britische Identitäts- und Lebensmittelkarten, die der Abwehr als Vorlage für Fälschungen dienen sollten. Einen Monat später übermittelte Owens der Hamburger Abwehrstelle auf ihren Wunsch zusätzlich noch ein Dutzend Seriennummern von britischen Identitätskarten, um deutsche Fälschungen amtlicher erscheinen zu lassen. Anhand dieser gefälschten Identitätskarten fiel es später MI 5 umso leichter, die deutschen Spione zu identifizieren, die nach England eingeschleust wurden.

Bis in die ersten Monate des Jahres 1941 arbeitete Owens unter MI-5-Kontrolle für die Abwehr. Er übermittelte Hamburg in dieser Zeit regelmäßige, aber unbedeutende Informationen, die MI 5 für ihn unter dem Aspekt ausgewählt hatte, dass sie keinen Schaden anrichten konnten. Von der Hamburger Abwehrstelle wurde Owens im Sommer 1940 mehrmals die Ankunft von Spionen angekündigt, die mit Fallschirmen landen sollten, was MI 5 zunächst in beträchtliche Aufregung versetzte. Doch jede Meldung stellte sich als falscher Alarm heraus.

Ernsthafte Zweifel an Owens' Verlässlichkeit kamen schließlich in London auf, als er nach einer weiteren Lissabon-Reise im Frühjahr 1941 überraschend bekannte, die Deutschen hätten ihn zu dem Eingeständnis gezwungen, dass er gleichzeitig für MI 5 arbeite. Er habe sie aber trotzdem überzeugen können, dass er immer noch ein zuverlässiger Partner der Abwehr sei. Zum Zeichen ihres wiederhergestellten Vertrauens hätten sie ihm sogar 10 000 Pfund und Sabotagematerial mitgegeben. Über die Hintergründe dieses Vorgangs konnte bei MI 5 nur spekuliert werden: Guy Liddell, der Direktor der Division B, notierte dazu im April 1941 in seinem Tagebuch: »Wir müssen annehmen, dass Rantzau jetzt über die Doppelspionage Bescheid weiß, dass er aber mit den 10 000 Pfund signalisiert, dass die Sache weitergehen soll. Vielleicht, um sein eigenes Gesicht zu wahren, vielleicht, weil er hofft, aus unseren Informationen, die wir zur Verfügung stellen, erfahren zu können, was wir für wichtig oder für unwichtig halten. Doch dass er weitermachen will, ist nun für uns Anlass genug, aufzuhören. Aber wir werden ihm den Schwarzen Peter zuschieben: SNOW soll morgen funken, dass er schwer erkrankt ist und deshalb aufhören muss.«[6]

Misstrauen entstand etwa zur selben Zeit auch bei der Abwehr, nachdem Owens einen weiteren Unteragenten präsentiert hatte: den Engländer »Walter Dicketts«, dessen richtiger Name vermutlich Richard Blake lautete und der bei MI 5 unter dem Decknamen CELERY[7] lief. Die Berliner Abwehrzentrale und auch der Leiter der Abwehrstelle Hamburg, Kapitän zur See Herbert Wichmann, hegten den Verdacht, »Dicketts« solle in britischem Auftrag die Abwehr ausforschen, und bezweifelten deshalb auch Owens' Verlässlichkeit. Nur Owens' Agentenführer Nikolaus Ritter alias »Dr. Rantzau« schien Owens weiterhin zu vertrauen.

Mit Owens wurden von MI 5 auch seine Unteragenten BISCUIT und CELERY aus dem Verkehr gezogen, nur GW durfte weitermachen. Über die SNOW-Episode urteilen die britischen Historiker Hinsley und Simkins: »Was auch immer Owens' Motive waren – selbst wenn er eher auf deutscher als auf britischer Seite stand – er wurde zu *fons et origo* (dt.: *Ursprung*) des ›Double Cross Systems‹«[8], des strategischen Einsatzes von Doppelspionen während der folgenden Kriegsjahre. Denn zunächst einmal gaben Owens' Funksprüche und die mit dem identischen Code verschlüsselten Antworten seiner Hamburger Kontrolleure den Kryptologen in Bletchley Park entscheidende Einstiegshilfen bei der Entschlüsselung der Abwehrcodes. Aus den entzifferten Hamburger Funksprüchen konnten außerdem Hinweise auf die Entsendung weiterer Spione entnommen werden, so dass »Licht in das Dunkel der deutschen Spionageaktivitäten fiel«.[9]

Bis fast zum Kriegsende nutzte die Division B unter Liddell darüber hinaus jedoch den Funkverkehr der Doppelspione nicht nur zur Gewinnung von Informationen über die deutschen Planungen, sondern vor allem zur raffinierten Täuschung des Feindes mit Hilfe von Falschinformationen. Gesteuert wurde das »Double Cross System« von einer eigens dafür eingerichteten Kommission, dem »XX Committee«, die aus Geheimdienstlern und Militärs unter der Leitung des Oxforder Geschichtsprofessors John Cecil Masterman bestand. In jedem Einzelfall entschied das »XX Committee«, welche Informationen – unbedeutende echte oder frei erfundene – an die Abwehr gesendet wurden.[10] In diesem großangelegten Täuschungssystem, das zum Kriegsausgang beitrug, spielte auch einer der Invasionsspione eine nicht unbedeutende Rolle.

Operation »Lena«

Noch am 16. Juli, kaum dass Hitler seinen Befehl zur Vorbereitung des Unternehmens »Seelöwe« erlassen hatte, rief Canaris die Leiter der westlichen Abwehrstellen in Kiel zusammen und wies sie an, ihre Spionagetätigkeit gegen das Vereinigte Königreich ab sofort zu intensivieren. In Hamburg begann Oberstleutnant Dr. Friedrich Karl Praetorius, der Leiter der Gruppe I, mit detaillierten Planungen. Der Spionageeinsatz gegen die britischen Inseln erhielt den Decknamen »Lena« – angeblich nach dem Vornamen der Ehefrau von Oberst Hans Piekenbrock, dem Leiter der Abteilung Abwehr I in der Berliner Zentrale.[11]

Operation »Lena« sah vor, noch vor Invasionsbeginn mit Flugzeugen und Schiffen so viele Spione, wie in kürzester Zeit gefunden werden könnten, in Großbritannien abzusetzen. Anwerbung, Ausbildung und Einsatz der Spione wurden den Referaten I M (Marine) und I L (Luft) übertragen. I M sollte die Spione auf dem Seeweg, I L auf dem Luftweg einschleusen. Wenn nötig, sollten auch noch andere Abwehrstellen in die Durchführung von »Lena« einbezogen werden, aber federführend sollte Hamburg sein.

Das Marine-Referat I M wollte seine Spione zu zwei Zielen entsenden: Im Süden Großbritanniens sollte eine Gruppe unter dem Decknamen »Hummer Süd«, im Norden eine zweite als »Hummer Nord« operieren. Bis Mitte November waren es mindestens zwölf Spione, die im Rahmen von »Hummer« für Operation »Lena« nach Großbritannien entsendet wurden.

Theoretisch war der Anspruch hoch, der an die Spione gegen England gestellt wurde. Oberst Piekenbrock, der Leiter von Abwehr I in der Berliner Zentrale, übergab 1955 nach seiner Entlassung aus sowjetischer Kriegsgefangenschaft dem ostdeutschen Autor Julius Mader ein Konvolut eigener Notizen, in denen er unter anderem festgehalten hatte: »Für England war für erfolgreiches Ansetzen erforderlich: absolut einwandfreies Englisch, das heißt die absolute Kenntnis eines Dialekts, der ortsüblichen Spezialausdrücke und der in England weit verbreiteten Abkürzungen, einwandfrei in England gekaufte Kleidung und des Tascheninhalts bis in die geringsten Kleinigkeiten, Mitführen von Post, Ansichtskarten, Liebhaberfotografien von Familienangehörigen, Wohnung, letzten Ferien, vom Wochenendaufenthalt, mit diesen Bildern muss die Legende – die Erzählung, wo der Betreffende herkommt und wohin er will – übereinstimmen. Ferner muss der Agent die neueste Serie Lebensmittelkarten bei sich haben.«[12]

»Hummer Süd«

In der Nacht zum 3. September 1940 landete an der Küste der südenglischen Grafschaft Kent in der Nähe des Leuchtturms von Dungeness ein aufblasbares Beiboot, ein sogenanntes Dingi, mit zwei Männern, dem Deutschen Josef Waldberg und dem Deutsch-Holländer Karl Meier.[13] Als erste Spione der Abwehroperation »Lena«, Kommando »Hummer Süd«, setzten sie ihre Füße auf englischen Boden. Im französischen Boulogne waren sie an Bord eines Fischkutters gegangen und in Richtung Cap d'Albret gesegelt. Dort trafen sie auf deutsche Minenräumboote, die den Kutter ins Schlepptau nahmen und in Küstennähe brachten, von wo aus Waldberg und Meier selbst an den Strand ruderten. Sie führten ein kleines batteriegetriebenes Morsefunkgerät mit sich, das allerdings nur Nachrichten senden, aber keine empfangen konnte, eine Pistole, Geheimtinte, einen Sack Lebensmittel mit Wurst, Fleischkonserven, Schokolade und Zigaretten – alles deutsche Produkte –, dazu Landkarten und 60 Pfund Sterling in Fünf-Pfund-Noten. Außerdem waren sie mit zwei kleinen Spaten ausgerüstet.

Kaum auf festem Boden, vergruben Waldberg und Meier ihr Funkgerät im Sand. Ihre Schlüsselunterlagen hatten sie noch vor ihrer Landung über Bord geworfen, weil sie in ihrer Nähe ein britisches Patrouillenboot bemerkt hatten. Da es noch Nacht war, legten sie sich für einige Stunden hinter einer Mauer in Strandnähe schlafen. Bei Tagesanbruch suchten sie sich ein Versteck in einem Graben, der hinter einem Busch verborgen war. Später machte sich Meier, der im Unterschied zu Waldberg recht gut Englisch sprach, zur nächstgelegenen Ortschaft Lydd auf, um etwas zu trinken zu kaufen. Gegen 10 Uhr pochte er an die Tür des Gasthauses »Rising Sun« und verlangte von der Wirtin eine Flasche Apfelwein – offenbar kannte er die englischen Ausschankvorschriften nicht, die den Verkauf von Alkohol am Vormittag untersagten. Mrs. Cole, die Gastwirtin, riet ihm, später wieder zu kommen, wunderte sich aber über das Ansinnen des jungen Mannes und erzählte mittags ihrem Mann von dem Besuch. Mr. Cole teilte das Misstrauen seiner Frau. Er vermutete, dass es sich um einen Ausländer handeln müsse, und alarmierte einen Offizier der Royal Air Force, der in der Nähe stationiert war. Dieser Offizier erwartete Meier bei seiner Rückkehr zum Gasthaus und forderte von ihm eine schriftliche Bescheinigung, dass er berechtigt sei, sich überhaupt in dieser Küstengegend, die militärisches Sperrgebiet war, aufzuhalten.

Meier musste zugeben, dass er kein derartiges Papier besaß, und versuchte, sich mit der Erklärung herauszureden, dass er ein Flüchtling aus Holland sei. Dabei verriet er versehentlich auch seinen Gefährten, indem er hinzusetzte: »*Wir* sind erst letzte Nacht angekommen.« Er wurde zur nächsten Polizeiwache gebracht und gestand schließlich nach stundenlangem Verhör, das bis in die Nacht andauerte, in deutschem Auftrag gekommen zu sein. Mit seinem Gefährten sollte er den Küstenstreifen erkunden und minenfreie Strände sowie gefahrlose Fallschirmlandeplätze melden.

Sein Begleiter Waldberg wurde am nächsten Tag von einer Polizeipatrouille auf der Straße von Lydd nach Dungeness entdeckt. Auf Französisch verlangte er, einem Offizier vorgeführt zu werden. Diesem zeigte er das Versteck ihres Funkgeräts und ihres Gepäcks, verweigerte aber jede weitere Aussage. Anhand eines von der Polizei sichergestellten Notizheftes, in dem er die Texte seiner Funkmeldungen genau aufgezeichnet hatte, stellte sich heraus, dass Waldberg während Meiers Abwesenheit mindestens zwei Funksprüche nach Deutschland abgesetzt hatte. Zunächst hatte er ihre Ankunft und den Verlust ihrer Codes gemeldet sowie den Landeplatz beschrieben: Strand ist minenfrei, nur wenige Soldaten in der Nähe. Seine zweite Nachricht war ein dringender Notruf: Meier sei wohl verhaftet und seine eigene Lage brenzlig, denn er habe nichts mehr zu trinken. Er fordere deshalb, dass ein Flugzeug ihn möglichst bald abhole. In seiner letzten Nachricht, von der nicht bekannt ist, ob er sie noch sendete, beschrieb er die Lage eines Wasserreservoirs in seiner Nähe. Zusammen mit Meier wurde Waldberg von der Polizei am 6. September an MI 5 übergeben.

Kurz nach ihnen, noch in derselben Nacht, trafen zwei weitere »Hummer Süd«-Spione an der südenglischen Küste ein: Charles van den Kieboom und Sjoerd Pons.[14] Wie Meier und Waldberg wurden sie binnen kürzester Zeit festgenommen. Kurz und knapp heißt es dazu in der offiziellen, von der britischen Regierung in Auftrag gegebenen, Publikation ›British Intelligence in the Second World War‹: »Alle vier wurden vor allem wegen ihrer eigenen Dummheit gefasst.«[15]

Auch Kieboom und Pons waren mit einem Fischkutter in die Nähe der südenglischen Küste gebracht worden. Ihr Dingi war nur wenige Minuten später als das Boot von Meier und Waldberg zu Wasser gelassen worden, und ihr Landeplatz in der Nähe von Dymchurch lag nahe bei der Stelle, an der Waldberg und Meier an

Land gegangen waren. Auch die Ausrüstung der beiden Paare mit batteriegetriebenem Funkgerät, Pistole, Landkarten und Lebensmitteln deutscher Herkunft war fast gleich.

Kaum an Land, lief Kieboom einer Küstenpatrouille geradezu in die Arme, als er versuchte, das Gepäck aus dem Boot auf der anderen Seite der Küstenstraße, die ganz in der Nähe ihres Landeplatzes verlief, in Sicherheit zu bringen. Die Patrouille hatte auf ihrem morgendlichen Kontrollgang das verlassene Ruderboot gefunden und sofort begonnen, den Strand und die Umgebung abzusuchen. Auch Kieboom gab sich als holländischer Flüchtling aus, behauptete, ein französischer Fischer habe ihn für 100 Francs vom Cap Gris Nez zur englischen Küste gebracht, und nun wolle er von Liverpool aus versuchen, nach Kanada zu gelangen. Aber die Pistole, die bei ihm gefunden wurde, machte ihn verdächtig.

Kurz darauf wurde auch Pons von den Soldaten aufgespürt. Zunächst fanden sie in Strandnähe einen Koffer und einen Seesack, dann entdeckten sie den Mann im Schilf, der sich gerade seiner feuchten Kleidung entledigte. Pons behauptete zunächst, ebenfalls ein Flüchtling aus Holland zu sein. Aber als kurz darauf, immer noch am frühen Morgen, im sumpfigen Hinterland der Küste das versteckte Funkgerät aufgefunden wurde, war die Flüchtlingslegende endgültig unglaubhaft geworden. Beide Männer wurden als vermutliche Spione an MI 5 übergeben. Mit Meier und Waldberg brachte man sie zum Landsitz Latchmere House im Dorf Ham Common bei Richmond, wo sich in Camp 020 die Verhörzentrale von MI 5 befand.

Während der folgenden Vernehmungen ergab sich, dass Meier mit vollem Namen Karl Heinrich Cornelis Ernst Meier hieß, 24 Jahre alt und ein naturalisierter Holländer deutscher Abstammung war. Sein Geburtsort war Koblenz. Als Mitglied von Anton Musserts rechtsextremer Nationaal-Socialistische Beweging in Nederland war er im Juli 1940 von der Abwehr in Den Haag rekrutiert worden. Sein Begleiter, der 25-jährige Josef Rudolf Waldberg, stammte aus Mainz. Seine Mutter war Französin, deshalb beherrschte er diese Sprache. Vor dem Krieg hatte er kurze Zeit in England verbracht, aber seine Englischkenntnisse waren mangelhaft. Seit Mai 1937 arbeitete er für die Abwehrstelle Wiesbaden und war zunächst in Frankreich eingesetzt, bis er im Sommer 1940 an die Abwehrstelle Hamburg übergeben wurde, um an der Operation »Lena« teilzunehmen. Während seines Verhörs gab Waldberg zu, dass er noch eine zusätzliche Aufgabe erhalten habe, von der Meier nichts wisse: Er sollte irgendwo an der Küste ein Motorboot stehlen und damit zurück nach Boulogne fahren, dort den Abwehroffizier »Werner Uhl«[16] abholen und ihn nach Dungeness bringen.

Die beiden Holländer Charles Albert van den Kieboom und Sjoerd Pons waren im Sommer 1940 in Amsterdam von der deutschen Abwehr angeworben worden. Kieboom, 26 Jahre alt, war Eurasier und in Japan geboren. Vor dem Krieg hatte er für den YMCA in Amsterdam als Buchhalter gearbeitet. Er kannte den gleichaltrigen Sjoerd Pons schon aus der gemeinsamen Militärzeit, sie hatten beide in einer Ambulanzeinheit der niederländischen Armee gedient und waren im Juni 1940 demobilisiert worden. Der Abwehrhauptmann Julius Boeckel vom Hamburger Luftreferat quartierte sie nach der Rekrutierung im Brüsseler Hotel Metropole ein. Nach kurzer Ausbildung wurden sie in einem Haus in der Nähe von Boulogne untergebracht, wo sie Meier und Waldberg kennenlernten. Den Abend vor ihrer Abreise nach England feierten sie gemeinsam in einem Restaurant im Seebad Le Touquet. Während beide Männer zwar bereitwillig zugaben, von der Abwehr nach England entsandt worden zu sein, führten sie zu ihrer Verteidigung an, dass sie sich nicht freiwillig hatten anwerben lassen. Sie behaupteten, man habe ihnen wegen Devisenvergehen mit der Einweisung in ein Konzentrationslager gedroht, und deshalb hätten sie die Gelegenheit ergriffen, Holland verlassen zu können. Einmal auf britischem Boden, wollten sie sich den niederländischen Exiltruppen anschließen und für ihr Land kämpfen.

Alle vier Männer waren von Offizieren der Abwehrstelle Brüssel ausgebildet worden, und ihr Befehl lautete, möglichst viele Informationen über Verteidigungsanlagen an der Küste, über Flugplätze, Truppenstandorte, Flakstellungen und durch Bomben beschädigte Schiffe in den Häfen sowie über die Stimmung in der Bevölkerung zu sammeln und per Funk zu übermitteln. Nach Beginn der Invasion, die laut Abwehr Brüssel Mitte September stattfinden werde, sollten sie sich unauffällig unter die Bevölkerung mischen. Für den Fall, dass sie dabei auf deutsche Truppen stießen, die sie irrtümlich gefangen nehmen wollten, war ihnen ein Passwort mitgegeben worden. Auch teilten sie MI 5 mit, dass an der französischen Kanalküste bereits zahlreiche Schiffe für den Angriff auf die britischen Inseln zusammengezogen worden seien.

Bereits am 6. September kommentierte Liddell die ersten Verhörergebnisse mit folgenden Worten: »Diese Spione waren ungewöhnlich schlecht angeleitet, und jedem, der auch nur über die geringste Kenntnis von den Verhältnissen in unserem Land verfügt, müsste klar gewesen sein, dass nicht einer von ihnen Erfolg haben würde. Außerdem waren sie alle – vielleicht als Anreiz, diese Mission überhaupt zu übernehmen – über die Risiken hier ganz falsch informiert.«[17]

Oberstleutnant Kenneth Strong, im War Office Mitarbeiter von Military Intelligence German Section, zeigte sich besonders verblüfft, »dass die Deutschen ihren Spionen Einzelheiten über den Invasionsplan verraten hatten. Die Details, die sie uns nannten, decken sich mehr oder weniger mit den Informationen, die wir bereits aus anderen Quellen erhalten haben, wie zum Beispiel durch die Luftaufklärung. Das erschwert es mir sehr zu glauben, dass diese Spione herübergeschickt wurden, um uns auf eine falsche Spur zu setzen.«[18]

Am 12. November 1940 begann der Hochverratsprozess gegen die vier Spione. Am 22. November 1940 wurden Meier, Waldberg und Kieboom zum Tode verurteilt. Waldberg und Meier wurden am 10. Dezember, Kieboom am 17. Dezember 1940 hingerichtet. Nur Pons entkam der Todesstrafe, er blieb in Haft und wurde nach dem Krieg an Holland ausgeliefert. Die offizielle Erklärung für seine Begnadigung lautete, er habe das Gericht davon überzeugen können, dass er von den Deutschen zur Spionage gezwungen worden sei. Kieboom hatte vor Gericht zwar dasselbe Verteidigungsargument vorgebracht, aber ihm hatte es nicht geholfen.

Der Historiker Nigel West, ein Spezialist für die britischen Geheimdienste, kommentiert den »Hummer Süd«-Versuch mit den

Worten: »Warum genau diese vier Männer über den Kanal geschickt wurden, blieb für MI 5 ein Rätsel. Das Unternehmen ›Seelöwe‹ stand kurz vor der Streichung, und viel mehr als Informationen über das Wetter oder über einige Panzersperren hätten sie gar nicht liefern können. Uns allerdings gaben sie in ihren Geständnissen einige hilfreiche Hinweise auf Mitarbeiter und Ausbildungsmethoden der Abwehr.«[19]

Wohl ebenfalls als ein »Hummer Süd«-Kommando war die Besatzung des Kutters »La Part Bien« vorgesehen. Das Schiff wurde am 23. September 1940 von einem britischen Patrouillenboot im Ärmelkanal entdeckt und gezwungen, den Hafen von Plymouth anzulaufen. Die drei Männer an Bord, der schwedische Kapitän Hugo L. L. Jonasson und die beiden Belgier Gerald J. M. Libot und de Lille, ergaben sich ohne Gegenwehr. Bei ihrer Vernehmung stellte sich heraus, dass sie von einem gewissen Otto Voigt angeworben worden waren.[20] Jonasson hatte für seinen Einsatz 2500 belgische Francs erhalten, Libot dagegen, ein Mitglied der rechtsextremen belgischen Rexisten-Partei, hatte sich ohne Entgelt zur Verfügung gestellt. Bis Kriegsende wurden sie im Camp 020 in Haft gehalten, und erst danach wurde bekannt, dass sie eher unversehens in die englischen Küstengewässer geraten waren. Eigentlich sollten sie zunächst von Brest nach Le Touquet segeln, um dort weitere Spione aufzunehmen, aber sie waren vom Kurs abgekommen, weil sie stark angetrunken waren.[21]

Auch Cornelius Evertsen,[22] der holländische Kapitän des Fischkutters »Josephine«, der am 12. November 1940 mit seinem Schiff im Hafen von Fishguard einlief, arbeitete für die Abwehr. Im August 1940 war er rekrutiert worden, und möglicherweise war auch seine Fahrt eine »Hummer Süd«-Operation. Der englischen Hafenbehörde gegenüber gab er sich und seine vierköpfige Mannschaft sowie seine drei kubanischen Passagiere als Flüchtlinge aus Frankreich auf dem Weg nach Irland aus. Da einer der Kubaner während der Überfahrt schwer erkrankte und ärztliche Hilfe benötigte – er starb 1942 in einem englischen Hospital –, habe die »Josephine« den nächstgelegenen Hafen ansteuern müssen, erklärte Evertsen. Doch schließlich gab er zu, mit seiner Besatzung im Auftrag der Abwehr gehandelt zu haben: Er sollte die Kubaner mit Sabotagematerial an der südenglischen Küste absetzen. Diese Kubaner waren Flüchtlinge aus Spanien, wo sie im Bürgerkrieg gekämpft hatten. In einem französischen Konzentrationslager waren sie von der Abwehr rekrutiert worden und hatten in Brest ein kurzes Sabotagetraining durchlaufen. Ihr Sprengstoff war in Konservendosen mit der Aufschrift »Grüne Erbsen« versteckt. Alle blieben bis Kriegsende in Haft.

»Hummer Nord«

Die ersten »Hummer Nord«-Spione wurden am frühen Morgen des 30. September 1940 in Portgordon, einem kleinen Fischerhafen westlich von Banff im Norden Schottlands, aufgegriffen. »François de Deeker«,[23] der angeblich aus Belgien stammte und kaum Englisch sprach, und seine Begleiterin, eine Dänin, die ihren Namen mit »Vera Eriksen«[24] angab, hatten am Bahnhof von Portgordon Verdacht erregt. Sie fielen dem Stationsvorsteher John Donald auf, weil beider Schuhe und die Hosenbeine des Mannes nass waren, obwohl es nicht regnete, und weil die Frau Fragen stellte, aus denen hervorging, dass sie keine Ahnung hatte, wo genau sie sich befand. Donald alarmierte die lokale Polizei, die die Fremden einem Verhör unterzog. Während der Mann sich strikt weigerte zu sprechen, behauptete die Frau in einem Englisch mit starkem, möglicherweise russischem Akzent zunächst, sie seien zu einem Besuch von London nach Schottland gereist. Auf misstrauisches Nachfragen der Polizisten widerrief sie diese Aussage schließlich und behauptete stattdessen, sie und »de Deeker« seien vor etwa zwölf Tagen auf der Flucht vor den Nazis mit der »Norstar« vom norwegischen Bergen abgesegelt. Mit einem Beiboot seien sie von einem Mitglied der Schiffsbesatzung an die Küste gerudert worden. Die vergangene Nacht hätten sie in einem Hotel in Banff verbracht, und am Morgen habe ein Taxi sie zum Bahnhof von Portgordon gefahren. Die Untersuchung ihres Gepäcks strafte sie allerdings Lügen: Es kamen ein großes Kofferfunkgerät mit Sende- und Empfangsteil sowie Schlüsselunterlagen zutage, weiterhin eine geladene Mauser 6.35 Automatik, 400 Pfund Sterling in Banknoten und Landkarten, auf denen fast alle Flugplätze Großbritanniens eingezeichnet waren. Außerdem trugen beide – nach SNOWs Vorlagen gefälschte – Identitätskarten bei sich, auf denen ihre Heimatadressen mit 18, Sussex Place, London W11 und 15, Sussex Gardens, London W2 angegeben waren. Als kurz darauf am Strand ein Schlauchboot entdeckt wurde, in das mehr als zwei Personen passten, begann die Polizei mit der Suche nach weiteren Verdächtigen.

Nicht viel später kam aus Buckie, einem Ort in der Nähe von Portgordon, die Meldung, dass dort am Bahnhof ein Mann in einem feuchten Regenmantel und mit einem Koffer aufgetaucht sei, der den Zug nach Edinburgh bestiegen habe. Die Polizei in Edinburgh wurde eingeschaltet und mit der Durchsuchung des Bahnhofs Waverley beauftragt. Dort stieß sie in der Gepäckaufbewahrung auf einen Koffer, an dem Spuren von nassem Sand hafteten, was Liddell zu der Bemerkung veranlasste: »typisch für die Dummheit der deutschen Spione«.[25] Es stellte sich heraus, dass der Koffer, in dem sich ebenfalls ein Funkgerät befand, am frühen Nachmittag von einem Mann abgegeben worden war, auf den die Beschreibung aus Buckie passte. Als der Mann am Abend seinen Koffer abholen wollte, wartete die Polizei bereits auf ihn. In seinen Taschen fand man 190 Pfund, eine gefälschte Identitätskarte und gefälschte Lebensmittelkarten sowie einen Schweizer Pass auf den Namen »Werner Heinrich Wälti«.[26] Der Pass wirkte zwar echt, wies aber weder ein Visum noch einen Stempel der Einreisebehörde auf. Außerdem trug der Mann zahlreiche Landkarten bei sich, von Schottland bis zur Kanalküste.

Während der folgenden Verhöre durch MI-5-Offiziere im Camp 020 verweigerten die beiden Männer lange Zeit jede Aussage mit der Begründung, sie verständen den Dolmetscher nicht, der mit ihnen Deutsch sprach, denn mit Deutschland hätten sie nichts zu schaffen. Erst Wochen später waren sie zu einer kurzen Äußerung bereit: Sie kennten einander nicht, behaupteten sie, und auch vom Inhalt ihrer Koffer wüssten sie nichts, sie hätten nur die Anweisung erhalten, die Koffer an ihnen unbekannte Kontaktleute in London zu übergeben. Die gegen sie erhobenen Spionagevorwürfe bestritten sie. »Wälti« gab bis zu seinem Tod keine weiteren Auskünfte, »de Deeker« jedoch wurde gegen Ende des Jahres 1940 gesprächsbereiter. Vielleicht beunruhigt, nachdem er von der Hinrichtung seiner »Lena«-Gefährten Kieboom, Meier und Waldberg erfahren hatte, gab er zu, dass er Deutscher sei und sein richtiger Name Karl Theodor Drücke lautete. Geboren sei er 1906, später habe er in Frankreich gelebt und schließlich in Brüssel für das Amt Ausland/Abwehr gearbeitet. Natürlich habe er über den Inhalt seines Gepäcks Bescheid gewusst. Doch Informationen über seinen Auftrag zu geben, weigerte er sich weiterhin. Mit »Wälti« wurde er am 16. Juni 1941 wegen Hochverrats zum Tode verurteilt und am 6. August 1941 hingerichtet.

»Vera Eriksen« dagegen machte viele, teilweise widersprüchliche Aussagen, deren Wahrheitsgehalt kaum überprüfbar ist. So erklärte sie zunächst, ihr richtiger Name sei »Vera de Cottani-Chalbur«, sie sei Witwe und stamme aus Sibirien. Später gab sie zu, im Dienst der Abwehr zu stehen, sei aber dazu erpresst worden. Nie habe sie die Absicht gehabt, einmal auf englischem Boden angekommen, gegen England zu spionieren. Ein Wasserflugzeug habe sie und die beiden Männer von Stavanger in Norwegen bis wenige Kilometer vor die schottische Küste geflogen, wo sie in das Schlauchboot umgestiegen seien. Ihr eigener Auftrag bestehe nur darin, »François de Deeker« nach London zu bringen. Dort habe sie sich dann einem Freund, einem gewissen Major Mackenzie in der Bruton Street, offenbaren wollen. Um sich weiter zu entlasten, wies sie darauf hin, dass ein »Captain King« aus dem britischen Kriegsministerium ein gutes Wort für sie einlegen könne. Es stellte sich heraus, dass es sich bei »Captain King« um Maxwell Knight aus MI 5's Abteilung B1a handelte und dass »Vera Eriksen« vor dem Krieg tatsächlich zeitweise für ihn als Informantin gearbeitet hatte.

Rätselhaft blieb für MI 5 »Vera Eriksens« Beziehung zu »de Deeker«, den sie mit allen Mitteln vor Strafe zu schützen versuchte. Sie behauptete sogar, schwanger von ihm gewesen zu sein, aber später eine Fehlgeburt erlitten zu haben. Während ihrer Haft sandte sie ihm folgenden Brief: »Mein lieber Theo! Ich moechte Dich noch Mal bitten sag die Wahrheit, es wird uns beide gut tun. Hans wollt nicht dass Du stirbst. Und ich bitte Dir wenn Du mich liebst, versuch uns beide zu retten, es ist so furchtbar zu denken so zur sterben, und deine Mutter und meine Eltern werden es auch nicht ueberleben wenn sie es in Zeitung lesen, und wir duerfen es nicht machen. Lieber, lieber Karl-Theo, ich bin pregnante, und unsere Kind wegen versuch uns zu helfen. Alles Gute Deine VERA.« Dazu heißt es in Liddells Tagebuch: »Vera hat uns erzählt, dass ›de Deeker‹ ein äußerst bedeutender Mann ist, der leicht gegen einen prominenten Engländer ausgetauscht werden könnte. Offenbar ist sie sehr verliebt in ihn und will seine wahre Identität geheim halten.«[27]

Ob »Vera Eriksen« wirklich ein Verhältnis mit diesem Mann hatte, ist nicht festzustellen, ebenso wenig wie der Wahrheitsgehalt anderer abenteuerlicher Liebesaffären, die dieser Frau nachgesagt wurden – nicht zuletzt weil ihre Akte von MI 5 bis heute nur unvollständig freigegeben ist. Beweiskräftige Belege fehlen auch für die Vermutungen, dass »Vera Eriksen« in Wirklichkeit eine Doppelagentin war, die nur zum Schein für die Deutschen arbeitete, in Wirklichkeit aber in englischen Diensten stand, oder dass sie sogar, wie manche zu wissen glauben, eine Liebesbeziehung zu einem einflussreichen Engländer unterhielt, der sie nach ihrer Festnahme beschützte. Nachweisbar ist immerhin, dass die beiden MI-5-Offiziere »Tar« Robertson und John Marriott, die sie im Gefängnis Aylesbury verhörten, am 8. Oktober 1940 die Auffassung vertraten, dass »sie nichts mit Spionage zu tun hat«.[28] Anfang 1942 erhielt »Vera Eriksen« sogar Hafterleichterung und wurde im Privathaus des MI-6-Agenten »Klop«[29] untergebracht. Brigadier Harker, damals noch Generaldirektor von MI 5, ordnete zudem an: »Kein Sicherheitsbeamter soll Vera nach ihrer Entlassung aus dem Gefängnis beschatten, er könnte die Atmosphäre vergiften.«[30]

Tatsächlich wurde »Vera Eriksen«, im Unterschied zu ihren Begleitern, nie vor Gericht gestellt. Knapp eineinhalb Jahre nach ihrer Verhaftung, im Frühjahr 1942, soll sie schließlich eine umfassende Aussage gemacht haben, wie es in der offiziellen britischen Geschichtsschreibung heißt, nach der »Vera Eriksens« bewegtes Leben bis zu ihrer Festnahme wie folgt geschildert wird:

»Geboren wurde sie im Dezember 1912 in Kiew als Tochter des Ehepaars Staritzky (wahrscheinlich ein Elternteil jüdisch). Ein deutsches Paar mit dem Namen ›von Schalbourg‹ adoptierte sie und emigrierte mit ihr während der russischen Revolution nach Dänemark, wo die Familie die dänische Nationalität annahm. 1927 zog das junge Mädchen nach Paris, wurde Balletttänzerin und heiratete 1930 einen gewissen Ignatieff, der sowjetischer Spion und Drogenhändler war. Einige Zeit diente sie ihm als Kurier, die Beziehung endete jedoch, als er versuchte, sie zu töten. Um nach Dänemark zurückkehren zu können, wandte sie sich um Hilfe an ihren Stiefbruder, einen SS-Offizier, der ihr den Kontakt zu Dr. Ritter von der deutschen Abwehr vermittelte. Nach ihrer eigenen Aussage heiratete sie im Oktober 1937 – vermutlich in Bigamie – einen Abwehroffizier, der sich mal ›von Wedel‹, mal ›zum Stuhrec‹ oder auch ›Oberleutnant Dierks‹ nannte. Ritter wollte sie zunächst in den sowjetischen Geheimdienst einschleusen, als das jedoch misslang, schickte er sie Anfang 1939 nach London. Dort war sie Gesellschafterin einer älteren Dame, die sich als ›Herzogin Chateau-Thierry‹ ausgab und die Ritter über eine gewisse My Eriksson, eine schwedische Spionin in deutschen Diensten, kennengelernt hatte. Irrigerweise nahm Ritter an, dass ›Chateau-Thierry‹ bedeutende Kontakte in der englischen Gesellschaft besäße, über die Vera von Schalbourg interessante Informationen erhalten könne. Als sich diese Aktion als erfolglos erwies, kehrte sie nach Deutschland zurück und lernte dort Drücke kennen, einen ›Gelegenheitsspion‹ der Abwehr, in den sie sich verliebte. Der Gedanke, das Paar gemeinsam nach Großbritannien zu schicken, kam Ritter im August 1940. Bei allen, die davon Kenntnis erhielten – unter anderen auch Veras angeblicher Ehemann ›von Wedel‹, der sogar bei Canaris intervenierte, um den Einsatz zu verhindern, und kurz darauf bei einem Autounfall starb – galt das Projekt als aussichtslos und undurchführbar. In den folgenden Wochen wurden mehrere Pläne entwickelt und wieder verworfen, bis die Operation ›Hummer Nord‹ mit ›Werner Wälti‹ als drittem Teilnehmer gestartet wurde. Vera von Schalbourg behauptete, ihre Aufgabe habe darin bestanden, Drücke, der überhaupt kein Englisch sprach, nach London zu begleiten, ihm dort – mit oder ohne die Hilfe ihrer früheren Arbeitgeberin ›Chateau-Thierry‹ – eine Unterkunft zu besorgen und dann abzuwarten, bis jemand das Funkgerät abhole. Sie behauptete weiter, Drücke habe keine Ahnung vom Morsen gehabt und hätte sowieso nie als Spion arbeiten können, weil er kein Englisch sprach. Es ist jedoch eher anzunehmen, dass Drücke von Ritter einen Spionageauftrag erhielt, in den er niemanden einweihte. Über ›Wälti‹, der recht gut Englisch sprach, wisse sie nur, so Vera von Schalbourg, dass ihm befohlen worden sei, ganz allein zu arbeiten, wahrscheinlich sollte er über schottische Flugplätze berichten. Im Übrigen habe er sich nur anwerben lassen, weil er dafür Geld erhielt.«[31]

Diese knappe Darstellung schließt die Vermutung nicht aus, dass Vera von Schalbourgs Lebenslauf noch weitere Facetten enthält, die der britische Geheimdienst bisher nicht geeignet für eine Veröffentlichung hielt. Wie lange diese Frau von MI 5 unter Kontrolle gehalten wurde und was nach Kriegsende mit ihr geschah, ist nicht festzustellen.

Über das zweite »Hummer Nord«-Kommando, das aus drei Männern bestand, fällt das Urteil der Historiker Hinsley und Simkins geradezu vernichtend aus: »Von allen Spionen, die vor der geplanten Invasion hierher geschickt wurden, waren sie bei weitem am schlechtesten vorbereitet. Sie waren nie ausgebildet worden, trugen keine Ausweise bei sich, aber auch sonst nichts, das ihnen die Kommunikation mit ihren Führungsoffizieren ermöglicht hätte. Ihre Anweisungen lauteten nur, sie sollten per Fahrrad kreuz und quer durch Schottland fahren – ihre Fahrräder versanken allerdings schon bei ihrer Landung im Meer – und Telefonleitungen kappen, um Alarm auszulösen und Verwirrung zu stiften. Nach der Invasion, deren Beginn ihnen für etwa drei Wochen nach ihrer Ankunft versprochen worden war, sollten sie sich den deutschen Truppen anschließen.«[32]

Diese dreiköpfige »Hummer Nord«-Gruppe bestand aus den Norwegern Gunnar Edvardssen[33] und Legwald Lund[34] sowie dem Deutschen Otto Joost.[35] Sie landeten am 25. Oktober 1940 frühmorgens bei Nairn in Schottland wie ihre Vorgänger mit einem

Schlauchboot, nachdem ein Wasserflugzeug sie in die Nähe der Küste gebracht hatte. Schon kurz darauf fielen sie wegen ihrer offenkundigen Orientierungslosigkeit auf einer Landstraße einem Polizisten auf, der sie mit auf die Wache nahm. Dort sagten sie aus, sie seien als Flüchtlinge mit dem Kutter »Boreas« aus Norwegen gekommen und dann mit einem Beiboot an Land gerudert. Lund sprach fließend Englisch, Edvardssen nur gebrochen, Joost gar nicht. Jeder von ihnen trug die beträchtliche Summe von etwa 100 Pfund bei sich. In Joosts Gepäck wurde außerdem eine Dose des eindeutig deutschen Produkts »Nivea-Creme« gefunden. Das Schlauchboot wurde später am Tag entdeckt, und weil auf seinem Aluminiumruder eine Plakette mit der Inschrift »Gerät: Bootsriemen, Hersteller: v. Kehler u. Stelling« angebracht war, glaubte niemand den drei Männern ihre Flüchtlingsgeschichte.

Am 28. Oktober wurden sie ins Camp 020 eingeliefert, wo Vera von Schalbourg Edvardssen anhand eines Fotos identifizierte. Er war ursprünglich für den Einsatz mit ihrer Gruppe vorgesehen, sein Gepäck war aber zu schwer für das Flugzeug gewesen. Edvardssen war ein norwegischer Journalist, der seit April 1940 als Dolmetscher für die deutschen Besatzungstruppen in Norwegen arbeitete. Nach der Gegenüberstellung mit Vera von Schalbourg gab er schon im ersten Verhör zu, von der Abwehr entsandt worden zu sein und dafür die 100 Pfund Sterling erhalten zu haben. Weiter berichtete er, dass ein »Dr. Müller«[36] von der Abwehr und sein Begleiter, ein Oberleutnant mit Namen »Meier«, ihn Ende September in Bergen angeworben und ihm befohlen hatten, nach Oslo zu fahren, um dort weitere Anordnungen abzuwarten. Beiläufig habe damals »Dr. Müller« in einem Gespräch erwähnt, dass die erste »Hummer Nord«-Gruppe inzwischen in Schottland eingetroffen sei. Lund habe er erst kurz vorher kennengelernt und Joost zum ersten Mal in Oslo getroffen, erklärte Edvardssen. Anfang Oktober seien sie gemeinsam nach Stavanger bestellt worden, wo ein deutscher Offizier ihnen Landkarten und Luftaufnahmen von dem Teil Schottlands vorgelegt habe, in dem sie eingesetzt werden sollten. Ein »Georg Andersen«,[37] der fließend Norwegisch sprach, aber wohl Deutscher war, habe ihnen dann folgende Anweisungen gegeben: Mit Fahrrädern sollten sie über Land in südlicher Richtung fahren und Telefonleitungen sabotieren. Dafür seien ihnen Drahtscheren mitgegeben worden, die sie aber schon vor ihrer Landung ins Meer geworfen hätten. Den deutschen Truppen, mit deren Ankunft sie in wenigen Wochen rechneten, sollten sie als Passwort »Andersen Abwehrstelle Oslo« nennen.

Auch Lund zeigte sich MI 5 gegenüber auskunftsfreudig. Er war ein 55-jähriger Seemann aus der Gegend um Oslo und trank gerne ab und zu ein Glas über den Durst. Unter Alkoholeinfluss war er eines Nachts nicht zu seinem Schiff zurückgekehrt und hatte deshalb seine Anstellung verloren. Zusätzlich drohten ihm die Deutschen mit Gefängnis, weil er sträflich sein Schiff verlassen hatte, machten ihm aber ein verlockendes Angebot, der Inhaftierung zu entgehen: Da er schon viele Male britische Häfen angelaufen hatte und deshalb anzunehmen sei, dass er das Land gut kenne, sollte er Edvardssen nach Großbritannien begleiten und ihm dort als Führer dienen.

Der Deutsche Joost hielt zu Beginn seines ersten Verhörs durch einen MI-5-Offizier noch an der Reiseversion mit der »Boreas« fest, aber konfrontiert mit den Geständnissen seiner Gefährten gab er den Spionageauftrag zu. Er bestand jedoch darauf, in Wirklichkeit ein politischer Flüchtling zu sein: Seit 1933 habe er unter der Verfolgung durch die Nazis gelitten, weil er Mitglied der Sozialdemokratischen Partei gewesen sei. Im Sommer 1939 sei ihm mit Hilfe von Freunden die Flucht nach Norwegen gelungen, und dort habe er illegal, aber unbehelligt bis zum Herbst 1940 gelebt. Anfang Oktober sei er dann in Oslo von dem deutschen Geheimdienstoffizier »Andersen« angesprochen worden, der alles über seine Nazi-Gegnerschaft gewusst habe. Er habe ihm nicht nur mit Haft gedroht, sondern auch Repressalien gegen seine Eltern in Deutschland angekündigt, falls er nicht bereit sei, für die Deutschen zu arbeiten. Eingeschüchtert habe er sich dem Druck gebeugt. Sein Befehl habe gelautet, sich einer der Freiwilligen-Brigaden anzuschließen, die derzeit in Großbritannien aus Exilanten, zum Beispiel Franzosen, Norwegern, Polen, Tschechen oder Holländern, zusammengestellt wurden. Er sollte so viel wie möglich über die Zusammensetzung dieser Brigaden, ihren Umfang, ihre Bewaffnung und ihre Marschpläne herausfinden und diese Informationen an den ersten deutschen Offizier weitergeben, dem er nach der Invasion, die etwa in zwei Wochen stattfinden werde, begegnen würde.

Erst ein Jahr später, nach zahlreichen Verhören, stellte sich heraus, wie viele Lügen Joost MI 5 aufgetischt hatte: Tatsächlich war er schon 1939 von der Gestapo für Spitzelaufgaben in Frankreich angeworben und im Sommer 1940 an die Abwehrstelle Hamburg weitergegeben worden. Von dort hatte ein Offizier, der sich »Werner«[38] nannte, ihn Anfang Oktober nach Oslo gebracht. Weder Joost noch Edvardssen oder Lund wurden wegen Spionage vor Gericht gestellt, entweder weil ihre Enttarnung kein öffentliches Aufsehen erregt hatte oder weil MI 5 sie wegen ihrer Ungeschicklichkeit als ungefährlich einschätzte. Sie überlebten den Krieg in britischer Haft.

Die Fallschirmspringer

Hauptmann Nikolaus Ritter, der damalige Leiter des Luftreferates I L in der Abwehrstelle Hamburg, lobte noch nach dem Krieg in seinen Erinnerungen ›Deckname Dr. Rantzau‹ stolz die Leistung seiner Spione: »Für die Freiwilligen des Unternehmens ›Lena‹ galten besondere Maßstäbe. Von ihnen wurde weit mehr verlangt als von einem Durchschnittsagenten. Ganz abgesehen davon, dass sie bereit sein mussten, mit dem Fallschirm unter schwierigsten Bedingungen abzuspringen, mussten sie in bester körperlicher Verfassung sein. Sie sollten nicht jünger als zwanzig und nicht älter als dreißig sein. Sie sollten intelligent genug sein, den weiten Kreis ihrer Aufgaben zu erfassen, und soweit technisch veranlagt, dass sie Bau und Handhabung eines Senders in kurzer Zeit beherrschten. Außerdem hatte sich ihre Ausbildung auf allgemeine Kenntnisse von Flugzeugen, Flugplätzen und Industrieanlagen zu erstrecken sowie auf Grundkenntnisse für die Abfassung von Wetterberichten.«[39]

Bis zum Mai 1941 landeten für »Lena« unter Federführung von I L mindestens sechs Spione mit Fallschirmen in England. Physisch entsprachen sie den von Ritter postulierten Maßstäben, auch waren sie wohl nicht alle unintelligent, aber auch sie waren mangelhaft auf ihre Einsätze vorbereitet. Der erste Fallschirmspringer landete in der Nacht vom 5. auf den 6. September 1940 in der Nähe von Denton, einem kleinen Dorf etwa zehn Kilometer südlich von Northampton. Den Vorschlag des Piloten, für seine schwere Ausrüstung einen zusätzlichen Lastfallschirm zu benutzen, hatte er abgelehnt. Stattdessen hatte er sich sein Funkgerät vor die Brust geschnallt, mit der Folge, dass er bei der Landung aus dem Gleichgewicht geriet, mit dem Kopf aufschlug und das Bewusstsein verlor. Als er wieder zu sich gekommen war, kappte er seine Fallschirmleinen und legte sich unter einem Busch schlafen. Gefunden wurde er von Landarbeitern, denen auffiel, dass die Krawatte des Fremden mit einem auffällig großen Knoten gebunden war, wie man ihn in England nicht kannte. Sie schlossen daraus, er müsse Ausländer sein.

Auf ihre Fragen antwortete er in recht gutem Englisch, er heiße Gösta Caroli,[40] sei Schwede und in der Nacht mit dem Fallschirm aus einem deutschen Flugzeug abgesprungen. Als er auch seine gesamte Ausstattung vorführte: Fallschirm, geladene Pistole, ein großes Kofferfunkgerät mit Sende- und Empfangsteil, Kompass, Landkarten, 300 Pfund Bargeld und dazu eine Flasche französischen Cognac, wurde er von den herbeigerufenen Polizisten verhaftet. Doch weil er einen gültigen schwedischen Pass besaß und dazu einen Fremdenausweis vorweisen konnte, der im Mai 1939 in Birmingham ausgestellt worden war (sich aber später als Fälschung herausstellte), entschied der Polizeichef zunächst, bei diesem Fall handele es sich um eine reine Polizeiangelegenheit. Erst einen Tag später wurde MI 5 alarmiert.

In den folgenden Verhören stellte sich heraus, dass Caroli 1902 im südschwedischen Norra Vram als Sohn eines Pfarrers geboren war. Er hatte viele Reisen durch Europa und Amerika unternommen, war durch die kanadischen Rocky Mountains und von Holland nach Italien gewandert. 1938 hatte er sich mit einem deutschen Mädchen verlobt und eine Zeit lang mit ihr in Deutschland gelebt. Damals schlug die Abwehr ihm vor, als angeblicher Journalist im Dienst schwedischer Zeitungen nach Coventry und Birmingham zu reisen und Berichte über militärisch relevante Einrichtungen an eine Abwehr-Deckadresse zu schicken. Zweimal hatte Caroli vor Kriegsbeginn diese Reisen unternommen. Eine dritte Reise, zu Schiff von Narvik aus, musste wegen eines Torpedoangriffs in der Nordsee abgebrochen werden. Im Dezember 1939 kehrte er nach Deutschland zurück und wurde später in Hamburg in wenigen Tagen zum Funker ausgebildet. Ausgewählt als Fallschirmspringer für die Operation »Lena«, sollte er am Abend des 30. August 1940 von Rennes nach England geflogen werden, aber wegen einer Schlechtwetterfront brach der Pilot, Oberleutnant Gartenfeld, den Flug ab, kehrte um und landete in Brüssel. Der zweite, dann erfolgreiche Versuch, sollte Caroli eigentlich bei Birmingham absetzen, brachte ihn jedoch über 50 Kilometer entfernt in die Nähe von Denton. Wie Caroli freimütig bekannte, bestand seine Aufgabe als »Lena«-Spion darin, die Gegend um Northampton, Oxford und Birmingham auszukundschaften.

Schon nach einem Tag gelang es den MI-5-Offizieren Malcolm Frost und Maxwell Knight, Caroli davon zu überzeugen, dass die Deutschen ihm übel mitgespielt hätten: Weder hätten sie ihn auf die Wachsamkeit der englischen Bevölkerung vorbereitet, die zu seiner schnellen Festnahme führte, noch für ihn eine Legende erfunden, die im Fall seiner Entdeckung seinen Aufenthalt in England glaubhaft hätte erklären können. Frost und Knight machten ihm schließlich das Angebot, sein Leben zu schonen, falls er bereit sei, die Seiten zu wechseln und der Abwehr falsche, von MI 5 erfundene, Informationen zukommen zu lassen. Caroli willigte ein und erhielt als Doppelspion den Decknamen SUMMER. Unter MI 5's Kontrolle sendete er aus Camp 020 einen ersten Funkspruch nach Hamburg und meldete, dass er sich bei seinem Absprung verletzt habe und sich deshalb in der Nähe von Oxford in einem Wald versteckt hielte. Da das Wetter sich verschlechtere, wolle er versuchen, so schnell wie möglich nach London zu gelangen und sich dort als Flüchtling ausgeben.

Kurz darauf verriet Caroli MI 5, dass schon bald mindestens zwei weitere deutsche Fallschirmspringer zu erwarten seien. Mit einem der beiden habe er sich während der Ausbildungszeit in

Hamburg angefreundet, deshalb werde er nur dann Näheres über ihn berichten, wenn MI 5 ihm garantiere, dass auch dieser Freund auf jeden Fall mit dem Leben davonkäme. Dazu notierte Liddell am 8. September 1941: »Offensichtlich ist er viel mehr an dessen Überleben interessiert als an seinem eigenen. Er selbst ist darauf vorbereitet, als Spion erschossen zu werden. Sein Aufenthalt in Deutschland und seine Bewunderung für die deutsche Regierung waren für ihn der Grund, zum Militär zu gehen, allerdings wollte er nie zum Spion werden. Nun will er jedoch den Auftrag erfüllen, den er einmal angenommen hat, aber er ist entschlossen, keinesfalls seinen Freund zu verraten.«[41]

Tatsächlich gaben die MI-5-Offiziere Caroli dieses für einen Geheimdienst eher ungewöhnliche Versprechen, und so verriet Caroli, dass er mit seinem Freund ein Treffen im Gasthaus »The Black Boy« in Nottingham am Tag nach dessen Landung verabredet habe. Er werde das genaue Datum von der Abwehr noch erfahren. Auch gab er MI 5 eine genaue Beschreibung seines Freundes, die an alle Polizeistationen im Land verteilt wurde.

Mitte September erfuhr MI 5 über die Funkabhörzentrale RSS noch vor Caroli den voraussichtlichen Ankunftstermin dieses Freundes: Er sollte am 20. September eingeflogen werden. Schon in der ersten Septemberwoche war von RSS ein Funkspruch aufgefangen und von den Codeknackern in Bletchley Park entziffert worden, aus dem hervorging, dass sich die Hamburger Abwehr Sorgen um die vier »Hummer Süd«-Spione, um Caroli und um den noch gar nicht entsendeten Neuen machte. Verblüfft von dieser Anteilnahme, stellte Liddell fest: »Diese Spione, die auf äußerst ungeschickte Weise in unser Land eingeschleust wurden, sind offenbar wirklich Teil einer richtigen Organisation.«[42]

Carolis Freund Wulf Schmidt[43], ein Däne, landete mit seinem Fallschirm kurz vor Mitternacht am 19. September nördlich von Cambridge. Wie bei Caroli fiel auch seine Landung ziemlich unsanft aus. Er streifte einen Pfeiler, dabei zerbrach seine Uhr, und er verstauchte sich den Fuß. Als er humpelnd den nächstgelegenen kleinen Ort Willingham aufsuchte, um sich eine neue Taschenuhr zu kaufen – und auch eine Zeitung, die ›Times‹ –, erregte er nicht nur Aufsehen, sondern vor allem Verdacht. Zwar sprach er gut Englisch, aber mit einem fremdländischen Akzent, weil er, wie sich später herausstellte, die Sprache in Afrika gelernt hatte. Nach seiner Festnahme wurden bei ihm neben seinem Funkgerät über 280 Pfund in Scheinen und Münzen gefunden, dazu ein dänischer Pass auf seinen richtigen Namen und eine gefälschte britische Identitätskarte auf den Namen »Harry Johnson«, die eine der von SNOW gelieferten Seriennummern trug. In seinem ersten Polizeiverhör bestand Schmidt noch darauf, als Flüchtling zu gelten. Wegen Schwierigkeiten mit den Deutschen in seinem Heimatland sei er schon vor drei Monaten mit einem Schiff nach West Hartlepool bei Newcastle gekommen und habe sich per Anhalter von dort nach Willingham durchgeschlagen. Allerdings konnte er weder seinen Reiseweg beschreiben noch stichhaltige Erklärungen dafür geben, wieso seine Kleidung so sauber und sogar gut gebügelt war und seine Haare offensichtlich vor kurzem einen frischen Schnitt erhalten hatten.

Am 21. September wurde Schmidt in einem unauffälligen Wagen ins Camp 020 überführt. MI 5 wählte für die Fahrt eine Route mitten durch das Zentrum Londons, um ihm zu zeigen, dass die Hauptstadt Großbritanniens keineswegs in Chaos und Zerstörung daniederlag, wie es die Propaganda in Deutschland verbreitete. Offenbar blieb diese Demonstration nicht ohne Eindruck auf Schmidt. Als er dann auch noch mit Carolis Aussagen konfrontiert wurde, legte er ein umfassendes Geständnis ab: Sein voller Name lautete Wulf Dietrich Christian Schmidt, und er stammte aus dem dänischen Abenraa. Er war am 7. Dezember 1911 geboren, seine Mutter war Dänin, sein Vater Deutscher, und er besaß noch eine Schwester und zwei Brüder, die beide in der deutschen Wehrmacht dienten. Nach einer Ausbildung als Mechaniker hatte er einige Zeit im Ausland verbracht, unter anderem bei einer deutschen Handelsgesellschaft in Kamerun, wo er Englisch gelernt hatte. Den falschen Namen »Harry Johnson« in seinem britischen Ausweis hatte er sich in Erinnerung an den ersten Engländer ausgesucht, den er damals in Kamerun kennengelernt hatte. Erst kurz nach Beginn des Krieges war er nach Dänemark zurückgekehrt, wo ihn die Abwehr Ende 1939 anwarb. Bereitwillig gab Schmidt auch das Versteck seines großen Kofferfunkgeräts, seiner Schlüsselunterlagen und seines Fallschirms bekannt und beschrieb, wie er sich kurz vor der Landung in einer Telegrafenleitung verfangen und Mühe gehabt hatte, sich daraus zu befreien. Sein Befehl lautete, wie schon der Carolis, die weitere Umgebung seines Landeplatzes zu erkunden und alles zu melden, was für die deutsche Luftwaffe von Interesse sein könnte.

Eine Kooperation mit MI 5, wie Caroli sie eingegangen war, lehnte Schmidt jedoch zunächst entschieden ab. Stattdessen zeigte er unbändige Wut auf den Verräter Caroli und verwünschte »das Schwein«.[44] Erst knapp zwei Wochen später gelang es MI 5, ihn davon zu überzeugen, dass nicht sein Freund Caroli seine Festnahme verschuldet habe, sondern die »zynische Sorglosigkeit seiner Führungsoffiziere in Hamburg bei der Vorbereitung und Durchführung seines Einsatzes«.[45] Von da an war Schmidt zur Zusammenarbeit mit dem britischen Geheimdienst bereit, als Doppelagent TATE setzte er Mitte Oktober 1940 aus Camp 020 seinen ersten, von MI 5 diktierten Funkspruch ab, dem über tausend weitere folgen sollten.

Caroli dagegen stellte im Herbst seine Mitarbeit ein. Offenbar reute den Bewunderer des deutschen Nationalsozialismus, dass er so bereitwillig kooperiert hatte. Mitte Oktober unternahm er einen Selbstmordversuch – er schnitt sich die Pulsadern mit einer Rasierklinge auf. Daraufhin erhielt er Hafterleichterung, durfte Camp 020 verlassen und zusammen mit einem Wachmann in einem sogenannten sicheren Haus von MI 5 leben, bis er im Januar 1941 einen Fluchtversuch unternahm. Er überwältigte seinen Bewacher, raubte ihm fünf Pfund und ein Motorrad. In der Nähe von Ely wurde er wieder aufgegriffen, dabei wurde er durch einen Schuss verletzt, als er zu Fuß zu entkommen versuchte. Damit war Carolis kurze Laufbahn als Doppelspion SUMMER beendet, er blieb bis Kriegsende in Haft.

Der dritte »Lena«-Fallschirmspringer landete Ende September/Anfang Oktober und war von Schmidt/TATE schon angekündigt worden. Beide hatten sich während ihrer Ausbildung durch die

Abwehr kennengelernt, und Schmidt hatte ihm auf seinen Wunsch eine Pistole besorgt. Er hatte Schmidt auch anvertraut, er werde seine Wehrmachtsuniform mit nach England nehmen, um im Fall seiner Festnahme den Status eines Kriegsgefangenen zu erhalten.

Über diesen Mann existieren unterschiedliche Informationen, deren Wahrheitsgehalt schwer auszumachen ist, denn im britischen Nationalarchiv existiert bisher keine zugängliche Akte über ihn. In einem kurzen Bericht aus Camp 020 trägt er den Namen »Kurt Karl Goose«.[46] Nach Liddells etwas ausführlicheren Tagebuchaufzeichnungen dagegen hieß er »Karl Grosse«, landete Anfang Oktober in Northamptonshire und trug einen britischen Ausweis auf den Namen »Alfred Phillips« bei sich, der vermutlich aus Luxemburg stammte. Liddell schreibt, er habe in Amerika gelebt, sei nach Kriegsbeginn über Japan nach Deutschland zurückgekehrt und habe dort seinen Militärdienst im »Lehrregiment Brandenburg« angetreten. Als Spion sei er nach England mit dem Befehl entsandt worden, aus der Gegend um Liverpool über Wetterverhältnisse, Straßensperren und die »Moral« der Bevölkerung, wie er es in ungeschicktem Englisch formuliert habe, per Funk zu berichten. Von MI 5 sei er zum Doppelspion GOOSE ernannt worden. In Liddells Augen war er »nur ein ›poor fish‹, der nie Spion werden wollte. Als ein Offizier seines Regiments die Frage gestellt hat, wer Englisch sprechen kann, war er einfältig genug, die Hand zu heben. Und bevor er wusste, wie ihm geschah, war er ein unbedeutender Spion, der aus den Wolken hinunter nach Northamptonshire abgeworfen wurde.«[47] Wenige Tage später änderte MI 5 offenbar den Decknamen des Spions, denn Liddell erwähnt am 8. Oktober einen deutschen Spion mit dem Decknamen GANDER, mit dessen Funkgerät manipulierte Nachrichten an die Abwehr übermittelt werden sollten.[48] Die Vermutung des Decknamenwechsels wird dadurch untermauert, dass »Goose« im Englischen »Gans« bedeutet und »Gander« »Gänserich« oder »Ganter«.

Auch bei Hinsley/Simkins ist von einem Doppelspion mit dem Decknamen GANDER die Rede. Dort heißt es, der Mann sei am 4. Oktober gelandet, habe Zivilkleidung getragen, aber eine Luftwaffenuniform und sein Wehrmachtsoldbuch mitgebracht. Er habe eine Identitätskarte besessen, deren Serienummer MI 5 unbekannt war, und Lebensmittelkarten mit den von SNOW bzw. BISCUIT übermittelten Seriennummern. Er sei Mitglied des »Lehrregiments Brandenburg 800 z.b.V.« gewesen, einer Spezialtruppe der deutschen Abwehr. Von seinem Führungsoffizier sei er angewiesen worden, die Midlands von Bedford bis Liverpool, einschließlich Birmingham und Coventry, auszuspionieren. Nach etwa zwei Wochen Einsatz habe er sich den dann zu erwartenden siegreichen deutschen Invasionstruppen anschließen sollen. Seine Bereitschaft zur Zusammenarbeit mit MI 5 und seine glaubhafte Versicherung, nie Mitglied der Nationalsozialistischen Partei gewesen zu sein, sollen ihm den Spionageprozess erspart haben.[49]

Nigel West dagegen gibt in seinem Buch ›MI 5‹ den richtigen Namen des Doppelspions GANDER mit »Hans Reysen« an. Nach West stammte dieser Mann aus Bremen und landete Ende September in derselben Gegend wie Caroli, aber ihm sei es gelungen, vier Tage unentdeckt zu bleiben. Schließlich habe ein Bauer ihn versteckt in seiner Scheune gefunden und ihn beschuldigt, ein Eierdieb zu sein. Diesen Vorwurf habe der aufgespürte Mann energisch zurückgewiesen, er habe darauf bestanden, nur eine Übernachtungsmöglichkeit gesucht zu haben. Er habe behauptet, von Beruf Kellner zu sein und aus Southampton zu stammen. Zum Beweis habe er eine Identitätskarte auf den Namen »Frank Phillips« vorgewiesen, die sich später als gefälscht erwies. Obwohl er verständliches Englisch gesprochen habe, sei seine ungewöhnliche Betonung von mehrsilbigen Wörtern so verdächtig gewesen, dass der Bauer die Polizei gerufen habe. Nach längerer Befragung habe der Mann gestanden, ein deutscher Spion zu sein. Anschließend habe er die Polizeibeamten zum Versteck seines Funkgeräts geführt, seines Geldes – immerhin 500 Pfund – und der Lebensmittel, die er in den vergangenen Tagen erworben hatte. Gegen die Zusage, nicht wegen Spionage vor Gericht gestellt zu werden, habe er sich einige Tage später in Camp 020 bereit erklärt, unter Anleitung von MI 5 der Abwehr irreführende Meldungen zu funken. Aber weil sein Funkgerät nicht mit einem Empfangsteil ausgerüstet gewesen sei, habe es keine Rückmeldungen auf seine Berichte gegeben, so dass sein Wert für MI 5 nur sehr gering gewesen sei. Deshalb sei dieses Doppelspiel schon nach wenigen Wochen beendet und »Reysen« bis Kriegsende in Haft gehalten worden.[50]

Als letzter »Lena«-Spion des Jahres 1940 landete Anfang November ein Mann, der monatelang nicht entdeckt wurde. Gefunden wurde am 3. November lediglich sein Fallschirm bei Haversham in Berkshire. Auch eine tagelange umfangreiche Suche brachte kein Ergebnis. Erst am 1. April 1941 wurde seine Leiche in einem Luftschutzbunker in Cambridge aufgespürt, offenbar hatte er sich selbst erschossen. Anhand seines holländischen Passes, der keinen Einreisestempel trug, wurde er von MI 5 vorläufig als »Jan Willem Ter Braak« identifiziert, aber seine wahre Identität konnte nie festgestellt werden. Außerdem trug er einen britischen Ausweis auf denselben Namen bei sich, dabei handelte es sich allerdings um eine Fälschung nach der von SNOW gelieferten Vorlage. In der Gepäckaufbewahrung des Bahnhofs von Cambridge wurde später ein Paket mit einem Funkgerät sichergestellt, das »Ter Braak« noch Ende März dort abgegeben hatte. Dass er seiner Enttarnung entgehen konnte, stellte sich als Nachlässigkeit der lokalen Polizei heraus. Die Beamten hatten es versäumt, der Meldung von »Ter Braaks« Vermieterin nachzugehen, dass sie einen holländischen Flüchtling beherberge. Ob »Ter Braak« während seines Aufenthaltes in England Informationen an die Abwehr weitergeben konnte, wurde nie herausgefunden. MI 5 vermutete, dass ihm sein Geld und seine Lebensmittelkarten ausgegangen waren, und weil er nicht mit der Abwehr kommunizieren konnte – auch sein Funkgerät besaß kein Empfangsteil wie bei so vielen der deutschen Spione –, habe er keinen anderen Ausweg gesehen, als sich zu töten.[51]

Nachzügler

Zwar war Anfang 1941 »Seelöwe« in der strategischen Planung Hitlers nicht mehr als unmittelbar bevorstehender Angriff, sondern eher nur als Druckmittel vorgesehen, aber aufgegeben war der Invasionsgedanke noch nicht. Auch die Hamburger Abwehrstelle setzte Operation »Lena« fort. So landete in der Nacht vom 31. Januar auf den 1. Februar in der Nähe von Ramsey in Huntingdonshire wieder ein Fallschirmspringer. Der 43 Jahre alte Luxemburger Josef Jakobs[52] kam so unglücklich auf, dass er sich den Fuß brach und sich dazu noch in seinem Fallschirm verhedderte. Unfähig sich zu bewegen, lag er in der Dunkelheit, bis er am nächsten Morgen mehrere Pistolenschüsse abfeuerte, um auf sich aufmerksam zu machen. Zwei Landarbeiter fanden ihn, leisteten erste Hilfe und übergaben ihn der Polizei. Schon während seines ersten Verhörs gestand Jakobs, von den Deutschen mit einem Spionageauftrag nach England geschickt worden zu sein, schwor aber, nie die Absicht gehabt zu haben, diesen Auftrag auch auszuführen. Er sei in einem Konzentrationslager inhaftiert gewesen und erst gegen die Zusage, für die Abwehr zu spionieren, freigelassen worden. Er habe nur eingewilligt, um aus Deutschland herauszukommen, und wolle versuchen, zu einer Tante in den USA zu gelangen. Mit sich führte er nach SNOWs Vorlagen gefälschte Papiere: einen Ausweis auf den Namen »James Rymer«, außerdem einen Blanko-Ausweis ohne jede Eintragung und eine Lebensmittelkarte. Neben der Pistole besaß Jakobs noch eine Straßenkarte von England, ein Funkgerät, teilweise zerrissene Schlüsselunterlagen und 497 Pfund. Bei seiner Vernehmung im Camp 020 am nächsten Tag klagte er über so starke Schmerzen im Fuß, dass das Verhör abgebrochen und er stationär in einem Krankenhaus aufgenommen werden musste. Erst am 15. April war er soweit genesen, dass er wieder vernommen werden konnte.

Es stellte sich heraus, dass Jakobs ausgebildeter Zahnarzt war, aber sich auch in verschiedenen anderen Berufen versucht hatte. Vor dem Krieg hatte er in der Schweiz wegen des Handels mit gefälschtem Gold eine Gefängnisstrafe abgesessen. Bei Kriegsbeginn war er zum Wehrdienst einberufen worden, aber kurz darauf wurde er von der Gestapo inhaftiert. Wann und wie er zur Abwehr gekommen war, wollte er nicht sagen, er ließ nur durchblicken, dass er Kontakt zu Offizieren in Berlin, Hamburg und Den Haag gehabt habe, darunter zu einem »Bruhns«.[53] Da Jakobs Festnahme unter der Bevölkerung in der Umgebung seines Landeplatzes großes Aufsehen erregt hatte, kam er als Doppelspion für MI 5 nicht in Frage. Als Angehöriger der deutschen Wehrmacht wurde er vor ein Militärgericht gestellt, wegen Spionage zum Tode verurteilt und am 15. August 1941 im Londoner Tower erschossen.[54]

Auch in Jakobs Fall konnte Liddell über die Intentionen der Abwehr nur rätseln. Am 2. Februar 1941 kommentierte er: »Es fällt schwer, bei diesen Leuten nicht skeptisch zu sein. Es ist kaum fassbar, dass die Deutschen – falls Jakobs Geschichte der Wahrheit entspricht – in der Erwartung handelten, Jakobs könnte irgendeinen Wert für sie haben. Oder beabsichtigten sie womöglich die Festnahme Jakobs und seine Umdrehung zum Doppelspion, weil sie hofften, auf diese Weise von ihm immerhin Wetterinformationen und andere, wenn auch von uns kontrollierte, kleine Nachrichtenbrocken zu erhalten, die verlässlich sein könnten? Wir wissen ja, dass die Deutschen plump und dilettantisch agieren können, aber dies alles zu glauben, ist für mich sehr schwierig.«[55]

Ein weiterer Fallschirmspringer wurde am 15. Mai 1941 in der Nähe des Ortes London Colney in Hertfordshire entdeckt und festgenommen. Karel Richter[56], ein Sudetendeutscher, landete gewissermaßen auf Anforderung von MI 5. Die zuständige MI-5-Abteilung B1a hatte ihren Doppelspion Schmidt/TATE beauftragt, von der Abwehr einen neuen Steuerquartz zur Frequenzänderung seines Funkgeräts zu verlangen. Für die Übergabe dieses Quartzes in London war Richter ausersehen worden, der zusätzlich herausfinden sollte, ob Schmidt weiterhin ein verlässlicher Spion der Abwehr sei. »Wichtige Aufgaben«, befinden Hinsley/Simkins, »für die seine Fähigkeiten und seine Ausrüstung beklagenswert unzureichend waren.«[57] Richter sprach nur gebrochenes Englisch und war ein unfähiger Funker. Neben einer gefälschten britischen Identitätskarte trug er darüber hinaus auch noch seinen echten tschechoslowakischen Pass in der Anzugtasche.

Schon am Abend nach seiner Landung am 14. Mai, als Richter zu Fuß Richtung London aufgebrochen war, machte er sich verdächtig. Zwei Lastwagenfahrer, die ihn nach dem Weg fragten und denen er natürlich nicht helfen konnte, meldeten ihn als auffälligen Fremden einer Polizeistreife, die ihn zur nächsten Wache mitnahm. Richter, der behauptete, aus Ipswich gekommen zu sein und nach Cambridge zu wollen, wies sich mit seinem gefälschten Ausweis auf den Namen »Snyder« mit einer Wohnung in London aus. Daraufhin wurde er allerdings nicht freigelassen, wie er gehofft hatte. Es dauerte nämlich nur noch eine Stunde bis zur Ausgangssperre, die alle Ausländer zwingend verpflichtete, sich mit Beginn der Sperrstunde in ihrem Wohnsitz aufzuhalten, und in dieser Stunde hätte Richter niemals London erreichen können. Statt weiterlaufen zu dürfen, wurde er einer Leibesvisitation unterzogen, die 500 Pfund und 1400 Dollar zum Vorschein brachte. In seinem schlechten Englisch versuchte Richter, sich herauszureden. Er gab zwar zu, in deutschem Auftrag gekommen zu sein, behauptete aber, in der vergangenen Nacht mit einem Schiff bei Cromer in Norfolk gelandet zu sein. Er wolle nur nach London, um dort vor dem Friseursalon im Regent Palace Hotel einem ihm nicht bekannten Mann 450 Pfund zu übergeben. Diese Aufgabe habe er auch nur übernommen, weil er auf diese Weise aus einem deutschen Konzentrationslager freigekommen sei. Die Dollars trage er bei sich, um anschließend weiter in die USA reisen zu können.[58]

Nach vielstündigen Verhören knickte Richter schließlich ein und legte ein volles Geständnis ab: In Wirklichkeit sei er mit dem Fallschirm über Hatfield abgesprungen. Er führte die MI-5-Offiziere zum Versteck seines Fallschirms, seines Funkgeräts und des Steuerquartzes, den er auftragsgemäß an Wulf Schmidt übergeben sollte. Bei der Überprüfung von Richters Mitbringseln machte MI 5 sonderbare Entdeckungen: Der Quartz passte gar nicht in Schmidts Funkgerät, und Richters eigenes Funkgerät war nicht betriebsfähig. Hierfür hätte er sich in England noch zusätzliche Teile beschaffen müssen. Darüber hinaus hätte er für die Geheimtinte, mit der er zusätzlich zu seinen Funkmeldungen schriftliche Berichte per Post senden sollte, erst noch in einer englischen Apotheke eine weitere Substanz, Amidopyrin, erwerben müssen, die er allerdings nie ohne eine Quittierung im sogenannten »Giftbuch« der Apotheke erhalten hätte.[59]

Richter war bis Kriegsbeginn als Schiffsingenieur für die Hamburg-Amerika-Linie zur See gefahren. Um dem Kriegsdienst zu entkommen, war er im November 1939 über Lettland nach Schweden geflohen, dort interniert und im Sommer 1940 nach Deutschland deportiert worden. Die Gestapo hatte ihn in Haft gehalten, bis ihn im November die Abwehr anwarb. Im Oktober 1941 verhängte ein britisches Gericht gegen ihn die Todesstrafe durch Erhängen. Seine Hinrichtung im Dezember erregte beträchtliches Aufsehen, weil er sich verzweifelt wehrte.[60]

Schon einen Monat vor Richter waren noch einmal zwei »Hummer-Nord«-Spione in Schottland eingetroffen. In der Nacht zum 7. April landeten die beiden Norweger Tor Glad und Helge John Moe[61] mit einem Schlauchboot, nachdem ein Wasserflugzeug sie vor der schottischen Westküste bei Moray Firth abgesetzt hatte. In einem kleinen Fischerhaus am Strand erkundigten sie sich nach dem nächsten Militärposten. Der Fischer beschrieb ihnen den Weg nach Crovie und sah, wie sie aus ihrem Schlauchboot zwei Fahrräder holten. Daraufhin meldete er seine Beobachtung der Ortspolizei, die die beiden Norweger zwei Stunden später auf der falschen Straßenseite radelnd fand. Sofort nannten Glad und Moe ihre richtigen Namen, bekannten, dass sie Spione in deutschem Auftrag seien und zeigten ihr Funkgerät sowie zwei Fotoapparate vor. Bei ihren Verhören durch MI 5 berichtete Moe unter anderem, dass er in London geboren sei und sein Großvater im 9. Manchester-Regiment gedient habe. Er selbst sei vor dem Krieg einige Male in England gewesen und habe in den Denham Filmstudios Schminktechniken gelernt. Trygve Lie, der Außenminister der norwegischen Exilregierung, könne für die Wahrheit aller seiner Angaben bürgen. Seine und Glads Anweisungen beständen zum einen darin, Truppenbewegungen zu melden, darüber hinaus sollten sie aber auch Sabotageakte gegen kriegswichtige Gebäude durchführen. Um nicht aufzufallen, sollten sie sich zunächst um Aufnahme bei den norwegischen Exiltruppen bemühen.

Nach ihren bereitwilligen Auskünften übernahm MI 5 sie als Doppelagenten JEFF und MUTT[62], benutzte sie aber nicht nur für Falschmeldungen an die Abwehr, sondern täuschte mit ihnen sogar erfolgreiche Sabotageakte vor: Im November 1941 wurde der Abwehr vorgegaukelt, Glad und Moe hätten einen Anschlag auf ein Lebensmittellager in Wealdstone durchgeführt. Fast zwei Jahre später – im August 1943 – erhielt die Abwehr darüber hinaus die Erfolgsmeldung von der Sprengung des Elektrizitätswerks bei Bury St. Edmunds, eine geschickt inszenierte Täuschung, die sogar mit fingierten Presseberichten untermauert wurde. Glad und Moe blieben bis zur alliierten Invasion 1944 als Doppelagenten im Einsatz und kehrten nach dem Krieg nach Norwegen zurück.

Von den Engländern im Juni 1941 abgefangene Funksprüche verraten, dass der Hamburger Abwehrstellenleiter Kapitän zur See Wichmann und der Marineoffizier Pheiffer auch noch nach der deutlichen Herabstufung des Unternehmens »Seelöwe« auf Hitlers Prioritätenliste die Fortsetzung ihrer Spionageeinsätze erwogen: »Am 15. Juni funkte Pheiffer aus Brest an Wichmann in Hamburg, er wolle mit ihm die Wiederbelebung der Aktivität gegen England besprechen, die fast zum Erliegen gekommen sei (›Seetier‹).« Wichmann funkte am Tag darauf zurück, er sei »grundsätzlich dazu bereit, ›Seetier‹ (Entsendung von Spionen nach England) wieder aufzunehmen«.[63] Tatsächlich wurden bis Ende 1944 von der Abwehr immer wieder Versuche unternommen, Spione nach England einzuschleusen, aber sie nutzten nicht die »Lena«-Wege. Oft reisten sie über Spanien oder Portugal als vorgebliche Flüchtlinge ein, aber auch sie wurden schnell enttarnt, verhaftet und in einigen Fällen auch hingerichtet.

Die Operation »Lena« war ein vollständiger Fehlschlag. Keiner der deutschen Spione, weder einer aus den Marine-Kommandos »Hummer Süd« und »Hummer Nord« noch einer der Fallschirmspringer, konnte auch nur ansatzweise seinen Auftrag erfüllen. Einige der Gründe dafür liegen auf der Hand: Die Leistungsfähigkeit der meisten Spione war, vorsichtig ausgedrückt, von geringer Qualität: Außer Waldberg von »Hummer Süd«, Drücke und Vera von Schalburg von »Hummer Nord« sowie dem Fallschirmspion Caroli hatte keiner von ihnen Erfahrung in nachrichtendienstlicher Tätigkeit. Ihre Ausrüstung – Landkarten, Geld für den Lebensunterhalt bis zur versprochenen, angeblich bald stattfindenden

Invasion, Pistolen, gefälschte Ausweise und Funkgeräte – scheint zwar auf den ersten Blick durchdacht und ausreichend, allerdings nur, falls die Spione nicht enttarnt wurden. Denn ein großer Fehler der Abwehr bestand darin, dass die von SNOW übermittelten Seriennummern für die gefälschten britischen Ausweise der »Lena«-Spione verwendet wurden. Damit fiel es MI 5 leicht, die Ankömmlinge noch vor ihren Geständnissen als Abwehrspione zu identifizieren. Sehr leichtfertig war die Abwehr anscheinend in diese von MI 5 gestellte Falle getappt.

Außerdem besaßen die meisten Funkgeräte einen schwerwiegenden Mangel: Sie konnten nur senden, nicht empfangen. Einzig Caroli und Schmidt waren mit großen Geräten ausgerüstet, die auch über ein Empfangsteil verfügten. Alle anderen Spione waren, einmal in England angekommen, ganz auf sich gestellt, sie konnten mit ihren Führungsoffizieren keinen Kontakt aufnehmen. Bis auf die Anweisungen, die ihnen vor ihrer Abreise gegeben worden waren, erhielten sie nie mehr Informationen oder Hilfestellung. Schon für einen umfassend ausgebildeten Spion wäre diese Situation ein Problem gewesen, aber vielleicht hätte er es mit Intelligenz und Kreativität lösen können. Doch der Mehrheit der »Lena«-Spione fehlten diese Eigenschaften ebenso, wie es ihnen an Erfahrung mangelte.

Hinzu kam, dass sie kaum mehr als eine rudimentäre Ausbildung erhalten hatten. Allein die Tatsache, dass drei der Fallschirmspringer Schwierigkeiten bei der Landung erlebten, sich sogar verletzten, zeigt, dass ihr Training wohl kaum intensiv gewesen war. Was ebenfalls schwer wog, war die fehlende Kenntnis der alltäglichen Lebensbedingungen auf der Insel, nicht alle schienen über den Linksverkehr oder die Ausschankzeiten in den englischen Wirtshäusern informiert gewesen zu sein. Offenbar hatte auch niemand sie darauf vorbereitet, dass seit Kriegsbeginn in Großbritannien die Furcht vor Spionen so stark angewachsen war, dass jeder Fremde misstrauisch beäugt und schnell die Polizei alarmiert wurde. Sie wussten auch nicht, dass wegen dieser Furcht viele Bahnhofs- und Straßenschilder abgehängt waren, um Fremden die Orientierung zu erschweren. Wären die Fahrräder

der »Hummer Nord«-Spione Joost, Edvardssen und Lund nicht schon bei der Landung in der See versunken, die Männer hätten sich bei ihrer Tour durch Schottland hoffnungslos verfahren. Fast keine Aufmerksamkeit hatte die Hamburger Abwehr dazu den Englischkenntnissen ihrer Kandidaten geschenkt, nur einige wenige beherrschten die Sprache gut genug, um sich unauffällig im Land bewegen zu können.

Wie es den Anschein hatte, war es von der Abwehr auch versäumt worden, die Charaktere ihrer zukünftigen Spione und deren Motivation unter die Lupe zu nehmen. Da gab es solche wie »Wälti« oder Jonasson, die sich mit Geld hatten kaufen lassen. Andere waren erpresst worden: Dem Holländer Pons war wegen Devisenvergehens mit der Einweisung in ein Konzentrationslager gedroht worden – vielleicht traf dasselbe auch auf seinen Gefährten Kieboom zu. Auch der Norweger Lund und Jakobs, der Fallschirmspringer, entgingen nur der Gestapohaft, indem sie sich bereit erklärten, für die Abwehr zu arbeiten. Dasselbe gilt für die drei Kubaner, die mit dem Kutter »Josephine« nach England gebracht werden sollten. Bei anderen Kandidaten genügte offenbar schon die Kenntnis, dass sie rechtsextremen Parteien im besetzten Ausland angehörten wie der Deutsch-Holländer Meier oder der Belgier Libot, um bei ihnen die Bereitschaft vorauszusetzen, dem nationalsozialistischen Regime in Deutschland zu Diensten zu sein. Wulf Schmidt/TATE begründete seinen Seitenwechsel später mit den Sätzen: »Niemand hat mich jemals gefragt, warum ich meine Einstellung so abrupt änderte, aber der Grund dafür war ganz einfach. Selbstschutz ist wahrscheinlich der am stärksten ausgeprägte Instinkt eines Menschen.«[64] Eine derartig zusammengewürfelte Gruppe bot nicht die beste Garantie für Loyalität zum Auftraggeber. Als »poor spy material« bezeichnete der Abwehroffizier Werner Unversagt 1945 in der britischen Kriegsgefangenschaft denn auch die »Lena«-Spione.[65]

Kann diese Fülle an Fehlern, Nachlässigkeiten und falscher Wahl des »Spionage-Materials« Zufall gewesen sein? Oder wählte die Abwehrstelle Hamburg bewusst Personen aus, deren Tauglichkeit gering war? Wurden die begrenzten Fähigkeiten der potenziellen Spione durch eine nur oberflächliche Ausbildung absichtlich nicht gefördert? Diente ihre Ausrüstung eher dazu, den Kandidaten ein Gefühl von Bedeutung zu vermitteln, als ihre Effizienz zu steigern? Mit ihrer Entsendung war Hitlers Befehl zwar buchstabengetreu befolgt worden, aber die verlangten Informationen über die britische Verteidigungsbereitschaft konnten diese Spione gerade nicht liefern. Womöglich sollten sie sogar – in ihrer von Hamburg einkalkulierten Unbedarftheit – Informationen über den Zeitpunkt und den Umfang der deutschen Invasion preisgeben, wie Kenneth Strong vom War Office schon am 8. September 1940 vermutete: »Ihn verwundert sehr, dass die Deutschen ihren Spionen Einzelheiten ihres Angriffsplans mitgegeben haben. Das lässt ihn kaum glauben, dass die Spione in der Absicht hierher geschickt wurden, uns irrezuführen.«[66]

Kurz gesagt: Sollten diese Spione gar nicht spionieren, sondern schon vorher gefasst werden, um Hitlers Angriffsvorhaben gegen England zu unterlaufen? Eine solche Widerstandsaktion hätte den Tatbestand des Landesverrats erfüllt. Damit hätten sich die verantwortlichen Hamburger Abwehroffiziere in die Reihe der zahlreichen aktiven Widerständler aus dem Amt Ausland/Abwehr eingegliedert, die Adolf Hitler und sein Regime um jeden Preis bekämpften.

Kapitel IV
»Ein Nest von Verschwörern«

Regimekritik und Opposition gegen die Diktatur waren im Amt Ausland/Abwehr keine Seltenheit, etliche der Berufsoffiziere und der Kriegsdienstverpflichteten verloren wegen ihres aktiven Widerstands ihr Leben. Alfred Jodl, als ehemaliger Chef des Wehrmachtführungsstabes Angeklagter vor dem Internationalen Gerichtshof in Nürnberg, bezeichnete das Amt Ausland/Abwehr verächtlich sogar als ein »Nest von Verschwörern«.[1]

Tatsächlich hatte sich der Widerstand in der Abwehr gegen Hitlers Politik und seine Kriegsvorbereitungen vergleichsweise früh – bereits im Jahr 1938 – geregt, als ein erster Staatsstreichplan ausgearbeitet wurde. Während der folgenden Jahre waren auch immer wieder Abwehroffiziere an Widerstandsaktionen beteiligt. So stellte zum Beispiel im März 1943 die Abwehrabteilung II (Sabotage und Zersetzung) in der Berliner Zentrale mindestens zwei Mal Sprengstoff für Anschläge auf Hitler zur Verfügung. Im ersten Fall wollte Oberst i. G. Henning von Tresckow Hitlers Flugzeug auf dem Weg von Smolensk nach Minsk mit einer Explosion zum Absturz bringen. Dieser Anschlag misslang vermutlich wegen der niedrigen Temperatur im Frachtraum des Flugzeugs, die den Zündmechanismus versagen ließ. Wenige Tage später war Major Rudolf-Christoph von Gersdorff zu einem Selbstmordanschlag im Berliner Zeughaus mit einer von der Abwehr zur Verfügung gestellten Bombe entschlossen, aber Hitler verließ das Gebäude schneller als erwartet, so dass Gersdorff die Bombe in seiner Tasche ungenutzt entschärfen musste. Auch der Sprengstoff für das Attentat am 20. Juli stammte von der Abwehr, und Offiziere der Abwehr waren in die Planung und Vorbereitung des Anschlags involviert.

Zur Widerstandsbereitschaft in der Abwehr trug sicher bei, dass der Nachrichtendienst gegenüber den anderen Teilen der Wehrmacht über einen Informationsvorsprung verfügte, was die innen-

und außenpolitischen Pläne des Regimes und seine Methoden der Realisierung betraf. Entscheidend aber war, was auch für alle anderen Widerständler gilt – ob sie nun der Wehrmacht angehörten oder aus der Zivilbevölkerung kamen: Ihre ethische Überzeugung und ihre Zivilcourage ließen ihnen keine andere Wahl, als sich gegen eine Politik zu stellen, der »jede sittliche Grundlage fehlte«.[2]

Noch 1933 hatte allerdings auch die überwiegende Mehrheit im Amt Ausland/Abwehr, wie in der gesamten Reichswehr, positiv auf Hitlers Ernennung zum Reichskanzler reagiert. Von der neuen Regierung erwarteten die Militärs die versprochene Revision des Versailler Vertrages und erhofften sich verbesserte Karrierechancen, wenn die Wehrmacht erst einmal wieder mehr als 100 000 Mann umfassen würde. Die angekündigte autoritäre Staatsordnung schreckte sie nicht ab, hatten die meisten von ihnen doch die parlamentarische Demokratie der Weimarer Republik nie geschätzt. Nur wenige standen von Anfang an in Opposition zum neuen Regime, und ihre Warnungen fanden zunächst kaum Gehör. Doch von 1938 an nahm die Zahl der kritischen Stimmen zu.

Ein Anlass waren die erzwungenen Abdankungen des Oberbefehlshabers des Heeres Werner von Fritsch und des Reichskriegsministers Werner von Blomberg. Da beide Hitlers bereits im November 1937 angekündigten Kriegspläne offen kritisierten, wurden sie im Februar 1938 zum Rücktritt gezwungen – unter dem Vorwand nicht tragbarer Verfehlungen: Blomberg wegen seiner nicht-standesgemäßen Heirat mit einer Prostituierten, Fritsch wurde, gestützt auf falsche Zeugenaussagen, Homosexualität vorgeworfen. Vor allem die Behandlung Fritschs empörte nicht nur seine Heeresoffiziere; für manche Militärs, nicht zuletzt für den Abwehrchef Canaris und seinen Mitarbeiter Hans Oster, markierte sie den Wendepunkt in ihrer Haltung zum Regime, auch wenn damals noch niemand einen Staatsstreich erwog.

Jedoch schon wenige Monate später, als Hitler im Mai seinen Entschluss bekanntgab, die Tschechoslowakei militärisch zu zerschlagen, bildete sich eine »Art Anti-Kriegs-Partei«.[3] In ihr fanden sich Militärs und Zivilisten zusammen, unter anderen der Heeresgeneralstabschef Ludwig Beck und der ehemalige Leipziger Oberbürgermeister Carl Friedrich Goerdeler sowie der Reichsbankpräsident Hjalmar Schacht. Aus der Abwehr waren in dieser Gruppe von Anfang an Admiral Canaris und Oberstleutnant Oster vertreten. Einen Angriff auf die Tschechoslowakei zu verhindern, war ihr Ziel, denn sie rechneten mit einem gefährlichen Gegenschlag der Westmächte. Mit mehreren Denkschriften bemühte sich Beck, Hitler von seinem Vorhaben abzubringen, blieb aber ohne Erfolg. Aus Protest gegen Hitlers Unnachgiebigkeit trat Beck im August von seinem Amt zurück, nachdem er – allerdings ebenfalls vergeblich – seine Offizierskameraden eindringlich aufgefordert hatte, es ihm gleichzutun.

Becks Nachfolger, der General der Artillerie Franz Halder, teilte anfangs dessen ablehnende Haltung. Bei seinem Amtsantritt ließ er den Oberbefehlshaber des Heeres, Generaloberst Walther von Brauchitsch, wissen, »er lehne Hitlers Kriegspläne ebenso nachdrücklich ab, wie es sein Vorgänger getan habe; er sei entschlossen, jede Möglichkeit zum Kampf gegen Hitler auszunutzen, die dieses Amt biete«.[4]

Die konkrete Umsturzplanung begann schließlich unter Federführung des Amtes Ausland/Abwehr im Herbst 1938, als die Krise um das Sudetenland einen Krieg immer wahrscheinlicher werden ließ: »In dieser Zeit entwickelte sich der Kreis um Oster zur ›operativen Zentrale‹ aller Staatsstreichplanungen: Unter dem Schutz von Canaris konnten die Verschwörer die Möglichkeiten des Amtes für ihre eigenen Zwecke nutzen.«[5]

Staatsstreichpläne

Der erste Plan eines Coup d'État sollte umgesetzt werden, sobald Hitler den Angriffsbefehl gegen die Tschechoslowakei ausgab. Geschmiedet hatten ihn Oster, Canaris und Beck, beteiligt waren auch Reichsgerichtsrat Hans von Dohnanyi sowie der Befehlshaber des Berliner Wehrkreises Erwin von Witzleben und General Halder. Eingeweiht waren darüber hinaus der Reichsbankpräsident Hjalmar Schacht, der Staatssekretär im Auswärtigen Amt

Ernst Freiherr von Weizsäcker, der Leiter des Außenministerbüros Erich Kordt sowie mehrere Mitglieder eines bereits seit geraumer Zeit bestehenden Oppositionskreises aus jungen nationalkonservativen Offizieren, der sich um Oster gebildet hatte. Bei den konkreten Vorbereitungen des Umsturzes wurden zudem einige Heeresoffiziere hinzugezogen, die sich zum Einsatz von Waffengewalt bereit erklärten, wie der Oberquartiermeister I im Generalstab Carl-Heinrich von Stülpnagel und der Kommandeur der 23. Infanteriedivision in Potsdam Graf von Brockdorff-Ahlefeldt, dazu der Kommandeur des 50. Infanterieregiments in Landsberg von Hase, der Kommandeur der 1. leichten Panzerdivision Hoepner und der Oberbefehlshaber des Gruppenkommandos 2 in Kassel Adam. Weiterhin sagten der Polizeipräsident von Berlin, Graf von Helldorf, und sein Stellvertreter Fritz-Dietlof Graf von der Schulenburg zu, die Berliner Polizei während der Aktion neutral zu halten.

Schnell konnten sich die Verschwörer auf den von Oster ausgearbeiteten Ablauf des Umsturzes einigen: Zunächst sollte die 23. Infanteriedivision Berlin abriegeln, danach sollten die SS- und Gestapostellen ausgeschaltet und das Regierungsviertel besetzt werden. Schließlich sollte ein Stoßtrupp aus »desillusionierten ehemaligen Jungkonservativen und Nationalrevolutionären«[6] die Reichskanzlei stürmen und Hitler überwältigen. Canaris billigte diesen Plan ausdrücklich als »vernünftig und realisierbar«,[7] und auf Osters Warnung hin, dass es noch an Waffen fehle, wies er den Leiter der Abteilung II Groscurth an, den Stoßtrupp mit Explosivstoffen und Karabinern zu versorgen.

Unterschiedlicher Meinung waren die Verschwörer dagegen über die Behandlung Hitlers nach dem Staatsstreich: Beck verlangte, ihn von einem Gericht aburteilen zu lassen, während Dohnanyi dafür plädierte, Hitler für geisteskrank erklären zu lassen. Für Halder war sein Ziel, den Krieg zu verhindern, schon mit einer vorläufigen Festnahme Hitlers erreicht. Er wollte ihn vor der Öffentlichkeit als »Bankrotteur deutscher Außenpolitik«[8] bloßstellen.

Radikaler vorzugehen war Oster entschlossen. Während sein Chef Canaris ein Attentat auf Hitler grundsätzlich ablehnte, verabredete Oster mit dem Stoßtrupp, Hitler unmittelbar nach dem Eindringen in die Reichskanzlei zu erschießen, um eine nachträgliche Gefährdung des Coup auszuschließen. Für ihn stellte ein Anschlag auf Hitlers Leben »kein unüberwindbares moralisches Problem«[9] dar.

Ob dieser Plan wirklich »vernünftig und realisierbar« war, sei dahingestellt. In die Tat umgesetzt werden musste er nicht, davor wurden Hitler und sein Regime durch den britischen Außenminister Neville Chamberlain mit dem »Münchener Abkommen« vom 29. September 1938 bewahrt, das zur unblutigen Annexion des Sudentenlandes führte. Damit war nicht nur der vorbereitete Coup d'État hinfällig, hinzu kam ein weiterer Rückschlag für die Verschwörer: Hitlers Prestige war nach diesem Verhandlungserfolg so gestiegen, dass in absehbarer Zeit eine erfolgversprechende Aktion gegen das Regime aussichtslos erscheinen musste.

Die Widerständler resignierten. Weder die Judenpogrome am 9. und 10. November 1938 noch die vertragswidrige Besetzung der »Rest-Tschechei« im März 1939 ließen neue Umsturzüberlegungen entstehen. Der Entschluss Hitlers, Polen anzugreifen, fand bei den meisten Militärs sogar weitgehende Zustimmung, weil »die Grenzziehung im Osten mit Polen korrigiert werden müsse«.[10] Selbst ein so entschiedener Regimegegner wie Helmuth Groscurth notierte am 18. April 1939 in seinem Tagebuch: »Die große Reichstagsrede des Führers gibt nun die Arbeit gegen Polen frei. Das ist gut und wurde Zeit.«[11]

Allerdings öffneten die Gräueltaten während des Polenfeldzuges manchen wieder die Augen. Bei Canaris dauerte es nur wenige Tage. Erschüttert war er von der Ankündigung Heydrichs, zwar die kleinen Leute schonen zu wollen, »der Adel, die Popen und Juden müssen aber umgebracht werden«.[12] Am 8. September vertraute er dem Leiter der Abteilung Ausland, Kapitän zur See Leopold Bürkner, an: »Ein Krieg, der unter Hintansetzung jeglicher Ethik geführt wird, kann niemals gewonnen werden. Es gibt auch eine göttliche Gerechtigkeit auf Erden.«[13]

Erst als Hitler nach dem Sieg über Polen möglichst rasch auch im Westen angreifen wollte, lebte der Widerstand von neuem auf.

Die Befehlshaber der drei Heeresgruppen, denen die Hauptaufgaben zufallen sollten, von Leeb, von Rundstedt, von Bock und selbst der Hitleranhänger von Reichenau, warnten vor dem Angriff. In einer Westoffensive sahen sie ein unvertretbares militärisches Risiko, und die nach dem Überfall im Ersten Weltkrieg erneut beabsichtigte Neutralitätsverletzung Belgiens ließ sie eine unkontrollierbare Ausweitung des Krieges befürchten. Auch im Oberkommando des Heeres teilte man die Besorgnis der Frontbefehlshaber. Als Hitler am 22. Oktober den 12. November als Termin für den Beginn der Westoffensive festsetzte, gab Halder Groscurth den Auftrag, anhand des Umsturzplans von 1938 »den Ablauf eines militärischen Vorgehens gegen Hitler im einzelnen auszuarbeiten«.[14]

Helmuth Groscurth hatte sich inzwischen zu einem der unversöhnlichsten Hitler-Gegner in der Abwehr entwickelt, ihm war »der Hass gegen das NS-Regime ins Gesicht geschrieben«.[15] Der Sohn eines evangelischen Pfarrers, der im Ersten Weltkrieg schwer verwundet worden war, hatte nach Kriegsende während eines Studiums der Landwirtschaft zunächst Kontakte zu »dezidiert nationalen«[16] Gruppierungen wie der »Marine-Brigade-Ehrhardt«[17] und dem »Stahlhelm, Bund der Frontsoldaten«[18] unterhalten. Doch 1924 fand Groscurth zurück zur Reichswehr, wurde 1929 Adjutant des Obersten Erwin von Witzleben und kam nach Absolvierung der Kriegsakademie 1935 zum Generalstab.

In der Abwehr-Abteilung des Reichswehrministeriums wurde er anfangs als Referent eingesetzt, übernahm aber schon nach einigen Monaten die Leitung der Untergruppe IS (Sabotage und Zersetzung), die am 1. Juni 1938 offiziell die Bezeichnung Abwehr-Abteilung II erhielt. Zu Canaris entwickelte Groscurth binnen kurzer Zeit ein besonderes Vertrauensverhältnis, das auf Gegenseitigkeit beruhte. Eng schloss sich der gläubige Christ auch Oster und Beck an, deren klare Moralvorstellungen seinen eigenen entsprachen.

Zum Jahreswechsel 1938/1939 musste Groscurth die Leitung von Abwehr II abgeben und ein knappes Jahr Truppendienst als Kommandeur einer Infanteriekompanie in Breslau leisten, bis er im Herbst 1939 die Leitung einer von Canaris und Halder nicht ohne Hintergedanken neu geschaffenen Dienststelle, der »Abteilung z. b. V.«, übernahm. Dabei handelte es sich um eine Verbindungsgruppe zwischen der Abwehr und dem Oberkommando des Heeres, die offiziell für »die innenpolitische und die geistige Betreuung des Heeres«[19] zuständig war, tatsächlich aber die Heeresführung mit zuverlässigen und unabhängigen Informationen der Abwehr über die innen- und außenpolitischen Pläne des Regimes versorgen sollte. In der folgenden Zeit verfasste Groscurth fast täglich bis Mitte Februar 1940 Tagebucheinträge, die bezeugen, wie tief seine Ablehnung der nationalsozialistischen Ideologie und Kriegspolitik verwurzelt war.

Im Spätherbst 1939, nach der Niederschlagung Polens, wurden die Staatsstreichpläne von 1938 aktualisiert, und Groscurth nahm das Heft des Handelns in die Hand. Am 1. November notierte er in seinem Tagebuch: »Unterredung mit Halder, will Leute verunglücken lassen: 1. Ri(bbentrop), 2. Goe(ring): Ich warne, rate zu geordnetem Unternehmen.« Und am Tag darauf heißt es: »Morgens Auftrag von Stü(lpnagel), Vorbereitungen anlaufen zu lassen. Nachmittags Rücksprache mit Marg(uerre).[20] Abends wieder bei Stü(lpnagel). Hat Truppenverteilung und sonstige Anregungen. Eindruck, dass gehandelt werden soll.«[21]

Halder aber wollte, trotz des Drängens von Oster und Canaris auf eine schnelle Aktion, nur losschlagen, wenn sich kein anderes Mittel fände, Hitler aufzuhalten. Deshalb trug er am 5. November zusammen mit Brauchitsch Hitler noch einmal die Bedenken der Truppenführer vor. Außer sich vor Wut drohte Hitler daraufhin mit der Vernichtung des destruktiven »Geists von Zossen«.[22] Dieser Ausbruch erschreckte Halder derartig, dass er Groscurth die sofortige Vernichtung aller Unterlagen befahl, denn er befürchtete, der Umsturzplan sei verraten worden. So blieb auch diese Gelegenheit zu einem Staatsstreich ungenutzt.

Im Gegensatz zu Halder, der von da an nicht mehr für die Regimegegner zur Verfügung stand, gab Groscurth noch nicht auf. Auf eigene Initiative reiste er Ende 1939 zu den Kommandeuren, die für die Westoffensive ausersehen waren, und legte ihnen detaillierte Berichte über die Mordaktionen in Polen vor, um sie doch noch zu einer Aktion gegen Hitler zu bewegen, aber er blieb ohne Erfolg. Brauchitsch und auch Halder missbilligten seine Aktionen sogar so entschieden, dass es danach nicht mehr lange dauerte, bis Groscurth seine Position verlor. Er wurde zunächst in die Führerreserve des Oberkommandos des Heeres versetzt und im Sommer 1941 an die sowjetische Front kommandiert. Auch dort verhehlte er seine Regimegegnerschaft nicht: Im August 1941 protestierte er vor dem Armeeoberkommando 6 gegen die Ermordung von 90 jüdischen Kindern durch die Waffen-SS in Belaja Zerkow, einer Kleinstadt südwestlich von Kiew. Vor Stalingrad geriet Groscurth schließlich, inzwischen im Rang eines Obersten, nach der Kapitulation der 6. Armee im Februar 1943 in sowjetische Kriegsgefangenschaft und starb am 7. April 1943 an Flecktyphus.

Die Nazi-Gegner vom Tirpitzufer

In der Abwehr jedoch fanden die Hitler-Gegner weiteren Zulauf. Vom Herbst 1938 bis zum Frühjahr 1943, als Hans Oster seines Amtes enthoben und Hans von Dohnanyi verhaftet wurde, konnte das Hauptquartier der Abwehr in Berlin als das Zentrum des militärischen Widerstandes gelten. Nicht wenige der bekannten Widerständler – unter den Berufsoffizieren wie auch unter den seit Herbst 1939 zum Kriegsdienst in die Abwehr einberufenen Zivilisten – arbeiteten in dem Gebäude am Tirpitzufer. Wie ihr Chef Canaris entstammten sie vorwiegend dem nationalkonservativen Milieu, teilweise sogar extrem rechtskonservativen Gruppierungen. Weit davon entfernt, Verfechter demokratischer Prinzipien zu sein, schlossen sie sich dem Widerstand aus christlichen oder allgemein humanitären Motiven an, geleitet von dem Bewusstsein »persönlicher Mitverantwortung für das Schicksal des eigenen Landes, die ihnen kein höherer Befehl abnehmen konnte«.[23]

Admiral Canaris – der »Hamlet des konservativen Widerstandes«

Dieser Vergleich, den der britische Historiker Hugh Trevor-Roper[24] 1980 formulierte, ist nicht unzutreffend. Denn vor allem zwei Charakterzüge prägten Canaris' Verhalten zum Widerstand: Er neigte zum Pessimismus und war nur wenig entscheidungsfreudig. Sein Mitarbeiter Erwin von Lahousen beschrieb ihn nach dem Krieg als »übervorsichtig« und glaubte, feststellen zu können: »Canaris hat die Opposition anderer gedeckt, aber niemals selbst gehandelt.«[25]

Der Weg des Abwehrchefs in den Widerstand war gewunden und nicht vorgezeichnet. Er stammte aus einer großbürgerlichen Industriellenfamilie, war nach dem Abitur 1905 in die Kaiserliche Marine eingetreten und zur See gefahren. Als im Oktober 1918 die Matrosen auf den Schlachtschiffen meuterten, war Canaris U-Boot-Kommandant im Mittelmeer. Als kurze Zeit später die Monarchie stürzte, zerbrachen endgültig die wilhelminischen Macht- und Sozialstrukturen. Zu den vielen, die diese Tatsache lange Zeit nicht wahrhaben wollten, gehörte auch Canaris. Als er am 29. November 1918 in Kiel eintraf, war er fassungslos: »In Trümmern lag, wofür er gelebt und gekämpft hatte.«[26]

Aus Überzeugung stellte er sich in den folgenden Jahren auf die Seite derer, die einen anderen Staat wollten als den, der im November 1918 entstanden war, und geriet dabei »in den Dunstkreis der radikalsten Gegner der neuen Republik«.[27] Zeitweise eng verbunden war er mit Waldemar Pabst, dessen Garde-Kavallerie-Schützendivision eines der sogenannten Freikorps bildete, die aus Offizieren und Soldaten des ehemaligen Heeres zusammengewürfelt waren, darunter auch viele zwielichtige Gestalten. Die Freikorps kannten keine traditionelle Militärdisziplin mehr, sie übten »Selbstjustiz, die ohne viel Federlesens richtete. Menschenleben, eigene und fremde, galten nicht viel«.[28] Pabst war es, der nach dem Spartakus-Aufstand im Januar 1919 die Gefangenen Rosa Luxemburg und Karl Liebknecht von seinen Kommandotrupps vorgeblich ins Gefängnis Moabit bringen lassen wollte, tatsächlich aber unterwegs erschießen ließ. Auch während des sogenannten Kapp-

Lüttwitz-Putsches im März 1920, bei dem die »Marine-Brigade Ehrhardt« eine führende Rolle spielte und der zu blutigen bewaffneten Auseinandersetzungen führte, stand Canaris auf der Seite der rechtsextremen Putschisten – wie fast das gesamte Offizierskorps der Marine.

Weiteren Verstrickungen in die rechtsradikale Szene entging Canaris dadurch, dass er wieder zur See fuhr: seit 1924 als Korvettenkapitän, von 1931 an als Kapitän zur See. 1934 erhielt er – sozusagen als Abschiedsgeschenk zum Ende seiner Marinekarriere – den Posten des Festungskommandanten von Swinemünde. Auch für den damals gerade 48-Jährigen selbst muss es eine Überraschung gewesen sein, als er am 1. Januar 1935 mit der Führung des militärischen Nachrichtendienstes beauftragt wurde, nachdem Patzig das Amt abgegeben hatte. Wenige Monate darauf, am 1. Mai 1935, erfolgte seine Beförderung zum Konteradmiral.

Canaris' anfängliche Akzeptanz des nationalsozialistischen Regimes ging während seiner Amtszeit vollständig verloren. Je mehr er infolge seiner Position Einblick in die Ideologie und die skrupellosen Methoden der Nationalsozialisten gewann, umso mehr ging er auf Abstand zu den Machthabern. Er erkannte, dass ihm und seinen konservativen Offizierskollegen mit der Annahme, »den Irrsinn beherrschen zu können«[29] eine verhängnisvolle Fehleinschätzung unterlaufen war. Die unverhohlene Brutalität und die Rechtsbrüche des Regimes brachten ihn dazu, sich den Hitler-Gegnern anzuschließen. Seit der Blomberg-Fritsch-Affäre war Canaris ein entschiedener Feind Hitlers, obwohl er sich nach außen hin den Anschein unverbrüchlicher Loyalität gab. Er sah den Weg in die Katastrophe voraus, ihm fehlte jedoch der unbedingte Wille, die Nazi-Herrschaft um jeden Preis zu beenden. Hitlers Plan zur Vernichtung eines selbstständigen Polens kommentierte er im August 1939 gegenüber dem italienischen Militärattaché vorausschauend, aber auch tief deprimiert mit den Worten: »Das wird das Ende Deutschlands sein.«[30]

Während er 1938 noch die Umsturzpläne der »Anti-Kriegspartei« unterstützt und sogar zu schnellem Handeln gedrängt hatte, rechnete Canaris seit Kriegsbeginn nicht mehr mit einer erfolgreichen Aktion der Oppositionellen. Groscurth fasste am 10. Oktober 1939 die Resignation seines Chefs mit den Worten zusammen: »Er will nichts mehr von den schlappen Generalen wissen.«[31]

In den folgenden Jahren beschränkte sich Canaris' Widerstand weitgehend darauf, die konspirativen Aktivitäten seiner Mitarbeiter zu decken. Darüber hinaus versuchte er aber auch selbst immer wieder, dem Regime wenigstens Sand ins Getriebe zu streuen, indem er die Möglichkeiten, die sein Amt ihm bot, voll ausschöpfte: Ihm oder seinen engsten Mitarbeitern bekannte Oppositionelle, die zum Kriegsdienst eingezogen wurden, ließ er zu Mitarbeitern des Abwehramtes machen, um sie den Nachstellungen der Gestapo zu entziehen, Juden wurden als V-Männer oder Agenten beschäftigt, um sie vor Festnahme und Deportation zu bewahren. Mit falschen Papieren der Abwehr sorgte Canaris nach dem Angriff auf Polen unter anderem dafür, dass sich der in Warschau verfolgte und untergetauchte Oberrabbiner Joseph Isaak Schneersohn im Ausland in Sicherheit bringen konnte. Auch die Frau und die Kinder des ehemaligen polnischen Militärattachés in Berlin, Antoni Szymanski, konnten dank Canaris' Hilfe in die Schweiz entkommen.[32] Während der Kriegsjahre soll Canaris sogar versucht haben, über geheimdienstliche Kanäle im Osten wie im Westen die Chancen eines Separatfriedens zu erkunden, was er selbst allerdings nie eingestand.[33]

Mit Hilfe seines Amtes bahnte Canaris andererseits aber auch den Weg für Hitlers Kriege. Nicht nur, dass seine Abwehroffiziere mit Sabotageaktionen den Überfall auf Polen vorbereiteten, vor allem in die Planungen des Vernichtungskrieges gegen die UdSSR waren der überzeugte Antikommunist Canaris und seine Abwehr tief verstrickt.

Bei der Vorbereitung der Englandinvasion dagegen scheint die Einsatzbereitschaft des Chefs des Amtes Ausland/Abwehr sehr viel geringer gewesen zu sein: Im Juni 1940 versäumte es Canaris, der inzwischen zum Admiral befördert worden war, das Oberkommando der Wehrmacht über die militärische Schwäche Großbritanniens nach der Evakuierung seines sogenannten Expeditionskorps' aus Dünkirchen zu unterrichten, wo die Engländer einen großen Teil ihrer Ausrüstung zurücklassen mussten. In diesem Versäumnis sieht der britische Autor Ian Colvin eine bewusste Unterlassung: »Danach stellte er uns sogar stärker dar, als wir wirklich waren.«[34]

Am 11. Februar 1944 wurde Canaris von Hitler als Chef der Abwehr entlassen. Äußerer Anlass war der Seitenwechsel eines Abwehroffiziers in Istanbul, der zu den Engländern übergelaufen war. Die Gründe aber lagen in dem bereits seit Jahren von SS und SD geschürten Misstrauen Hitlers gegen Canaris und seine Abwehr sowie einige auffällige Fehlleistungen. »Absichtlich oder unabsichtlich«[35] waren Canaris in Italien verhängnisvolle Fehleinschätzungen unterlaufen: Die Abwehr hatte weder im Sommer 1943 vor dem Sturz Mussolinis und dem Abfall des Bündnispartners Italien gewarnt noch im Januar 1944 vor der alliierten Landung bei Anzio südlich von Rom.

Nach seiner Amtsenthebung musste sich Canaris auf die Burg Lauenstein in Franken zurückziehen, wo eine Nebenstelle der Abwehr untergebracht war. Die Abwehrabteilung I, der »Geheime Meldedienst«, wurde unter der Leitung von Oberst i. G. Hansen als »Militärisches Amt« (Mil Amt) in das Reichssicherheitshauptamt überführt und unterstand von da an dem SD-Chef Walter Schellenberg, alle übrigen Bereiche der Abwehr wurden der Gestapo zugeschlagen.

Drei Tage nach dem Attentat vom 20. Juli 1944 wurde Canaris verhaftet. Während der inzwischen ebenfalls inhaftierte Hans Oster freimütig seine Beteiligung an den Staatsstreichvorbereitungen bekannte, versuchte Canaris sich mit der Erklärung zu verteidigen, er habe nur an den »Komplottgesprächen teilgenommen, um im Ernstfall die Verschwörung konterkarieren zu können; das sei sogar seine Pflicht als Geheimdienstchef gewesen«.[36]

Aber alles Leugnen half nichts. Anfang Februar 1945 wurde Canaris in das Konzentrationslager Flossenbürg eingeliefert. Von einem SS-Scheingericht am 8. April 1945 zum Tode verurteilt, wurde Canaris am folgenden Morgen zusammen mit Oster, dem Theologen Dietrich Bonhoeffer, dem Heeresrichter Dr. Sack und dem Abwehrhauptmann Gehre durch Erhängen ermordet.

Die Berufsoffiziere
Wie Canaris so zählten auch seine engsten Mitarbeiter in der Zentrale spätestens seit 1938/1939 zu den Gegnern der Nationalsozialisten. Er selbst hatte sie ausgewählt. Neben Hans Oster, dem Leiter der Abteilung Z, stand wohl Oberst Hans Piekenbrock dem Admiral persönlich am nächsten.

Piekenbrock stammte aus einer großbürgerlichen katholischen Familie in Essen. Nach dem Abitur 1913 begann er ein Jurastudium in Freiburg im Breisgau. Im Sommer 1914 meldete er sich als Kriegsfreiwilliger, nach dem Krieg trat er in die Reichswehr ein und durchlief die Generalstabsausbildung. Am 1. Oktober 1936 wurde er von Canaris als Leiter der Abteilung I zur Abwehr geholt. Seit den Gräueltaten im Polenfeldzug teilte Piekenbrock die Abscheu seines Chefs gegen das Regime. Seine Gegnerschaft äußerte sich unter anderem in bewusster Nachlässigkeit, wie der britische Historiker Michael Howard feststellt: »Er tolerierte nicht nur, sondern schien absichtlich außergewöhnliche Ineffizienz bei seinen Mitarbeitern zu fördern. Unter seiner Führung blieben Posten unbesetzt, Offiziere wurden ermutigt, ihre Urlaube beliebig zu verlängern, Akten gingen verloren, Berichte wurden selten gelesen – wenn sie überhaupt angefertigt wurden – und noch seltener überprüft.«[37] Im Juni 1943 wurde Piekenbrock als Kommandeur einer Infanterie-Division an die Ostfront versetzt. Es ist zu vermuten, dass Piekenbrocks Fronteinsatz eine Folge der Gestapo-Untersuchung »Depositenkasse«[38] war und Canaris ihn absichtlich aus der Schusslinie nahm. Anfang 1945 geriet Piekenbrock in sowjetische Gefangenschaft, erst 1955 wurde er entlassen.

Piekenbrocks Nachfolger im Frühjahr 1943, Oberst Georg Alexander Hansen, war ebenfalls des Amtschefs eigene Wahl. Als Canaris im Februar 1944 gezwungen wurde, sein Amt aufzugeben, war Hansen sogar Canaris' Wunschkandidat für die eigene Nachfolge. Hansen, 1904 in Sonnefeld als Sohn eines herzoglichen Oberforstmeisters geboren, hatte geplant, Anwalt zu werden, musste aber aus finanziellen Gründen sein Studium abbrechen und wurde 1924 Berufsoffizier. Während der Generalstabsausbildung an der Kriegsakademie in Berlin-Moabit lernte er Ludwig

Beck und Claus Schenk Graf von Stauffenberg kennen. 1937 kam Hansen zur Abwehrabteilung I H (Heer), und von 1938 bis zum Sommer 1940 diente er in der Abwehrstelle Stettin, wo sich mehrere Oppositionelle um den Abwehrstellenleiter Walter Konrad Wiebe[39] gesammelt hatten.

Wieder zurück in Berlin, erhielt Hansen die Position des Gruppenleiters I H. Im März 1943 übernahm er an Piekenbrocks Stelle die Gesamtleitung der Abteilung I. Sofort begann er »aufzuräumen und totes Holz herauszuschneiden. Damit machte er bei Heinrich Himmler, Canaris' langjährigem Rivalen, einen so guten Eindruck, dass dieser ihn 1944 als Nachfolger von Canaris akzeptierte. Aber hinter dieser Fassade von Effizienz verbarg sich ein entschiedener Gegner des Regimes – weitaus aktiver als Canaris oder Piekenbrock – denn er war einer der Verschwörer vom 20. Juli. So hatten trotz aller zur Schau gestellten Aufräumarbeiten Hansens die Dissidenten in der Abwehr nichts von ihm zu befürchten.«[40]

Niemand verdächtigte Hansen, den neu ernannten Chef der Abwehr, als Verschwörer. Dabei wirkte er seit 1943 an allen Planungen für das Hitlerattentat mit, sein Haus in Rangsdorf bei Berlin diente als konspirativer Treffpunkt und »nach dem erfolgreichen Attentat sollte Hansen das Reichssicherheitshauptamt besetzen und die SS-Kommandeure festnehmen lassen«.[41] Zwei Tage nach dem gescheiterten Anschlag wurde Hansen verhaftet, und unter Folter gestand er seine Mitwisserschaft. Am 10. August 1944 verhängte der Volksgerichtshof gegen ihn die Todesstrafe, am 8. September wurde er im Gefängnis Berlin-Plötzensee hingerichtet.

Mit den drei aufeinander folgenden Leitern der Abteilung II, Helmuth Groscurth, Oberstleutnant von Lahousen und Oberst Freytag von Loringhoven verband Canaris ebenfalls weitaus mehr als nur ein konfliktfreies Dienstverhältnis. Sie genossen sein uneingeschränktes Vertrauen. Bewusst hatte Canaris sich nach Groscurths Versetzung zum Truppendienst für Lahousen als Nachfolger entschieden, denn er war »großdeutsch gesonnen, aber ohne Sympathie für die Nazis«.[42]

Der Österreicher Erwin Heinrich René Lahousen, Edler von Vivremont, hatte die Militärakademie in Wiener Neustadt absolviert und als Infanterieoffizier am Ersten Weltkrieg teilgenommen. Nach dem Krieg war er im höheren militärischen Dienst beschäftigt und leitete von 1935 an das »Evidenzbüro«, den österreichischen militärischen Geheimdienst. Nach dem »Anschluss« Österreichs im März 1938 wurde er in die Abteilung I der Berliner Abwehrzentrale übernommen und Anfang 1939 zum Leiter der Abteilung II ernannt. In dieser Funktion nahm er häufig als Begleiter von Canaris, manchmal auch als sein Vertreter, an Besprechungen im Führerhauptquartier teil. Im Auftrag von Canaris protestierte Lahousen während der Kriegsjahre mehrmals vergeblich gegen die verbrecherischen Befehle des Regimes, zum Beispiel gegen die Erschießung sowjetischer Kriegsgefangener. Im Herbst 1939 erklärte sich Lahousen bereit, Sprengstoff für den geplanten Staatsstreich aus dem von ihm zu verantwortenden Depot zu entwenden, und im Frühjahr 1943 stellte er Tresckow und Gersdorff den Sprengstoff für die von ihnen geplanten Anschläge auf Hitler zur Verfügung.

Im Sommer 1943 war auch Lahousen gezwungen, im Zuge der »Depositenkassen«-Ermittlungen[43] seinen Posten zu räumen, und wurde an die Ostfront kommandiert, wo er 1944, einen Tag vor dem Stauffenberg-Attentat, schwer verletzt wurde. So entging er einer Verhaftung durch die Gestapo, die seine Widerstandsrolle nie aufdeckte. Nach Kriegsende geriet er in amerikanische Kriegsgefangenschaft, aus der er im Sommer 1947 entlassen wurde. Lahousens Kenntnisse und seine Einblicke in die politischen Entscheidungen Hitlers und seiner Mitarbeiter machten ihn 1945 zu einem bedeutenden Zeugen der Anklage im Nürnberger Prozess gegen die Hauptkriegsverbrecher.

Nach Lahousens Versetzung wählte Canaris Wessel Freytag von Loringhoven als neuen Leiter der Abteilung II, von dem er wusste, dass auch er die Kriegsführung Hitlers verurteilte. Der baltische Berufsoffizier hatte 1922 die neugegründete Republik Lettland verlassen und die deutsche Staatsangehörigkeit erworben, um in die Reichswehr einzutreten. Seine anfänglichen Sympathien für die Nationalsozialisten schwanden während des Polenfeldzugs, seine Kritik wuchs mit den Erlebnissen während des Kriegs gegen die Sowjetunion. Von 1941 an diente er als Erster Offizier im Stab des Nazi-Gegners Generalmajor Graf zu Dohna, bis Canaris ihn in die Abwehr übernahm. In Berlin schloss sich Freytag von Loringhoven der Widerstandsgruppe um Stauffenberg an und versorgte sie schließlich 1944 mit dem Sprengstoff für den Anschlag am 20. Juli. Der Freigabeschein für den Sprengstoff trug die Unterschrift von Major Wolfgang Abshagen, ebenfalls aus der Abteilung II. Abshagen wurde deshalb nach dem 20. Juli verhaftet, aus Mangel an Beweisen jedoch im November 1944 aus der Haft entlassen. Im Mai 1945 wurde er vom sowjetischen Geheimdienst festgenommen, zum Tode verurteilt und im August 1945 hingerichtet. Freytag von Loringhoven tötete sich selbst bereits am 26. Juli 1944, um seiner Verhaftung durch die Gestapo zu entgehen, die die Herkunft des Sprengstoffs ermittelt hatte.

Den Weg in den Widerstandskreis der Abwehr fanden Ende der 1930er-Jahre auch zwei Canaris-Bekanntschaften aus der Freikorpszeit: Dr. Franz-Maria Liedig und Friedrich Wilhelm Heinz. Der Marineoffizier Liedig, der von 1916 bis 1918 auf einem Torpedoboot gedient hatte, schloss sich nach dem Krieg der »Marine-Brigade-Ehrhardt« an, beteiligte sich am Kapp-Lüttwitz-Putsch und war viele Jahre Mitglied im »Stahlhelm«. Ende der 1920er-Jahre sagte Liedig sich vom nationalrevolutionären Lager los und wandte sich einem politisch geprägten Katholizismus zu. Nach seinem Jurastudium, das er mit der Promotion abschloss, war er als Anwalt tätig. 1936 ließ er sich von Canaris reaktivieren und wurde zunächst im Marinereferat der Abwehrstelle Stuttgart eingesetzt, bis er in die Zentrale am Tirpitzufer wechselte. Schon bald schloss er enge Freundschaft mit Oster, den er häufig auf dessen konspirativen Missionen als Fahrer begleitete. 1938 war Liedig von Oster für das Stoßtrupp-Kommando vorgesehen, das die Reichskanzlei erstürmen sollte. 1940 wurde er zur Abwehr in Sofia versetzt, 1941 übernahm er die Leitung der neuen Abwehrstelle in Athen. Anfang November 1944, nachdem in Zossen belastende Abwehrakten gefunden worden waren, die unter anderem auch Liedigs Beteiligung an den Staatsstreichplänen dokumentierten, nahm ihn die Gestapo fest. Bis Ende April 1945 wurde er in mehreren Konzentrationslagern in Haft gehalten, aber schließlich aus Dachau befreit. 1946 gehörte er zu den Gründungsmitgliedern der CSU, wurde aber wegen seiner Zusammenarbeit mit Canaris jahrelang des Landesverrats bezichtigt.[44]

Heinz hatte im Ersten Weltkrieg als Infanterist gekämpft und sich ebenfalls nach Kriegsende der »Marine-Brigade-Ehrhardt«, später sogar ihrem rechtsextremen Ableger »Organisation Consul« und schließlich dem »Stahlhelm« angeschlossen. Seit 1936 war er Hauptmann in der Abwehr, fand Zugang zum Widerstandskreis um Oster und sollte während des Coup d'État 1938 den Stoßtrupp anführen. Nach dem gescheiterten Attentat vom 20. Juli tauchte Heinz unter, überlebte den Krieg und leitete von 1950 bis 1953 einen staatlichen Nachrichtendienst, der dem Bundeskanzleramt unterstand.

Wahrscheinlich mit Hilfe Osters ließen sich die beiden regimekritischen Berufsoffiziere Ernst Munzinger und Ulrich von Sell 1939 zur Abwehr einziehen. Munzinger hatte im Ersten Weltkrieg an der West- und an der Ostfront gekämpft und war nach Kriegsende in seine Geburtsstadt Riga zurückgekehrt. 1933 wurde er aus Lettland ausgewiesen, weil er offen mit den Nationalsozialisten sympathisierte. Erst die brutalen Übergriffe während der Pogromnacht am 9. November 1938 ließen ihn zur Besinnung kommen. Er war in die Vorbereitungen des Attentats vom 20. Juli eingeweiht und wurde nach dessen Scheitern verhaftet. Ein Sonderkommando des Reichssicherheitshauptamtes ermordete ihn im April 1945 zusammen mit mehreren anderen Häftlingen in der Nähe des Gefängnisses Lehrter Straße in Berlin.

Von Sell hatte während des Ersten Weltkriegs dem Generalstab angehört und diente nach dem Krieg dem ehemaligen deutschen Kaiser Wilhelm II. als Finanzverwalter. In der Abwehrzentrale in Berlin wurde er von 1940 an in der Auslandsbriefprüfstelle eingesetzt. Unter dem Vorwurf, »jüdisch versippte« Mitarbeiter zu beschäftigen, wurde er 1942 entlassen und an die Front kommandiert. Nach dem 20. Juli verhaftete ihn die Gestapo, er kam aber im Frühjahr 1945 aus dem Gefängnis Lehrter Straße frei. Zwei Monate später wurde er vom sowjetischen Geheimdienst festgenommen und starb im November 1945 im Lager Jamlitz.

Nicht nur am Tirpitzufer verfügte Canaris über Gleichgesinnte. 1935 hatte er den bayerischen Grafen Rudolf von Marogna-Redwitz[45], mit dem er befreundet war, als Ergänzungsoffizier zunächst zur Abwehrstelle München entsandt. Marogna-Redwitz, im Ersten Weltkrieg als Kavallerieoffizier schwer verwundet, war in den 1920er-Jahren Mitarbeiter des III-B-Dienstes geworden, dem Vorläufer des Amtes Ausland/Abwehr. 1938 wurde er von Canaris zum Leiter der Abwehrstelle Wien ernannt, wo er sich engagiert für Verfolgte des Regimes einsetzte. Schon kurz nach seinem Amtsantritt in Wien soll der gläubige Katholik einigen seiner Mitarbeiter anvertraut haben: »Wir sollen nach Möglichkeit an den unserer Obhut anvertrauten Menschen das gutzumachen suchen, was an anderen durch Hitler und seine Umgebung gesündigt worden ist.«[46]

Über Jahre konnte die Abwehrstelle Wien viele Verfolgte schützen – wahrscheinlich im Vergleich mit anderen Abwehrstellen sogar bei weitem die meisten –, indem sie sie als angebliche Informanten beschäftigte oder ihnen mit fingierten Auslandsaufträgen die Flucht ermöglichte. Zuständig für die Durchführung dieser Schutzaktionen war zusammen mit Marogna-Redwitz Emmerich von Boxberg, der Leiter von Abwehr I in Wien. Mit seiner Hilfe kamen auch zahlreiche Juden, meist aus der ehemaligen österreichisch-ungarischen Armee, bei der Scheinfirma »Monopol« in Prag unter. Diese war von Marogna-Redwitz auf Anweisung von Oster gegründet worden, um in neutralen Ländern eingefrorene Gelder unauffällig nach Deutschland transferieren zu können. Im Frühjahr 1944, nach Canaris' Amtsenthebung, wurde auch Marogna-Redwitz abgesetzt. Den Verschwörern um Stauffenberg stellte er sich als Verbindungsoffizier für den Wehrkreis Wien zur Verfügung. Nach Aussage seines Mitarbeiters Robert Prinz Arenberg soll er sich am 20. Juli »mit Genugtuung und Vergnügen«[47] an den Verhaftungen der SS-Mitglieder in Wien beteiligt haben. Kurz darauf wurde Marogna-Redwitz verhaftet, am 12. Oktober vom Volksgerichtshof zum Tode verurteilt und noch am selben Tag im Berliner Gefängnis Plötzensee hingerichtet.

Neben Boxberg war auch Major Hermann Karl Schrader ein vertrauter Mitarbeiter von Marogna-Redwitz. Bereits 1933 war er als Regimekritiker aufgetreten. Damals hatte der Gymnasiallehrer, als ehemaliger Kriegsteilnehmer Mitglied im »Stahlhelm«, gegen die Übernahme seines Verbandes in die SA protestiert und war deshalb aus dem Schuldienst entlassen worden. Um der angedrohten KZ-Haft zu entgehen, ließ er sich auf Canaris' Rat 1936 als Ergänzungsoffizier reaktivieren und in der Münchner Abwehrstelle einsetzen. 1938 wechselte er nach Wien, und im Herbst 1939 wurde er zu Groscurth in das Hauptquartier des Oberkommandos des Heeres versetzt. Während dieser Zeit legte er ein geheimes Archiv über die Gräueltaten der SS in Polen an und führte das ebenfalls geheime Tagebuch von Canaris. Diese Unterlagen, die im September 1944 von der Gestapo gefunden wurden, belasteten neben Canaris auch Schrader schwer. Acht Tage nach dem gescheiterten Stauffenberg-Attentat nahm er sich das Leben.

Marogna-Redwitz' Nachfolger als Leiter der Abwehrstelle Wien ab April 1944, Oberst Otto Fürchtegott Armster, war ebenfalls ein Freund von Canaris. Vermutlich kam er Mitte der 1930er-Jahre zur Abwehr und schloss sich später den Widerständlern um Oster an. Bis zu seinem Wechsel nach Wien leitete er die Abwehrstelle Wiesbaden. Von den Attentätern des 20. Juli war er als Verbindungsoffizier im Wehrkreis Salzburg vorgesehen. Am 23. Juli 1944 wurde Armster in Wien festgenommen und anschließend in Berlin im Gefängnis Lehrter Straße inhaftiert, bis ihm am 25. April 1945 die Flucht gelang. Wenige Wochen später nahm ihn der sowjetische Geheimdienst fest und hielt ihn bis 1955 in Haft.

Die Zivilisten

Mit der Mobilmachung vor dem Überfall auf Polen wählten zahlreiche Zivilisten das Amt Ausland/Abwehr, um dort ihren Militärdienst abzuleisten, darunter auch überzeugte Regimegegner. Ihnen boten Canaris und Oster den Schutz der Abwehr an, denn manche standen inzwischen schon unter Beobachtung durch die Gestapo.

Reichsgerichtsrat Dr. Hans von Dohnanyi wurde von Oster sogar für den Dienst in der Abwehr angefordert, nachdem Dohnanyi seinen Einberufungsbefehl erhalten hatte. Oster hatte Dohnanyi über den Heeresrichter Dr. Karl Sack, einen offenen Regime-Kritiker, kennen- und schätzen gelernt. Johann Georg (Hans) von Dohnanyi wurde 1902 in Wien geboren und wuchs in Berlin auf. Schon auf dem Gymnasium befreundete er sich mit Justus Delbrück sowie mit Dietrich und Klaus Bonhoeffer, deren Schwester Christine er 1925 heiratete. Nach dem Abitur studierte Dohnanyi Jura, und nach dem Assessorexamen fand er seine erste Anstellung 1929 im Reichsjustizministerium. Ab Juni 1933 arbeitete er als persönlicher Referent für den Justizminister Franz Gürtner, später wurde er Leiter des Ministerbüros. Dieses Amt ermöglichte Dohnanyi tiefe Einblicke in die rechtsbrecherische Praxis der Nationalsozialisten. Alle Informationen über Verbrechen, an die er nicht zuletzt mit Hilfe seines Schwagers Dietrich Bonhoeffer gelangen konnte, hielt er schriftlich fest, um sie gegebenenfalls später in einem Prozess gegen das Regime zu verwenden. Da seine kritische Einstellung nicht verborgen blieb, musste er im Herbst 1938 auf Druck der NSDAP-Parteikanzlei das Ministerium verlassen und wurde an das Reichsgericht in Leipzig versetzt.

Nach Dohnanyis Einberufung zur Abwehr richtete Oster in seiner Zentralabteilung für ihn das Referat »Berichterstattung« (ZB) ein, und ab Ende 1939 wurde der Jurist von der Abwehr als Sonderführer im Rang eines Majors geführt. Dohnanyis Übernahme in die Abwehr soll Reinhard Heydrich, den Chef des Reichssicherheitshauptamtes, zu der Bemerkung veranlasst haben: »Den werden wir unter die Lupe nehmen müssen, der ist ja nun gerade wieder an der richtigen Stelle gelandet.«[48]

Dohnanyis offizielle Aufgabe in ZB bestand darin, anhand der eingehenden Meldungen die außen- und militärpolitische Lage zu analysieren, aber im Geheimen führte er seine Materialsammlung über Rechtsbrüche weiter. Schließlich enthielt sie »Reden Hitlers, Filme der Polengräuel, Berichte über Kriegsgefangenenbehandlung, Anweisungen von Goebbels zu den Judenpogromen« und ähnlich belastende Dokumente, »um jedem, der willens sei zu sehen, die Augen über Hitler und sein Regime zu öffnen«.[49]

Diese Dokumentensammlung wurde Dohnanyi im September 1944 zum endgültigen Verhängnis, als sie mit anderen Geheimpapieren des Widerstands aufgefunden wurde. Damals befand sich Dohnanyi allerdings schon seit weit über einem Jahr in Gestapo-Haft, denn Anfang April 1943 war er unter dem Vorwurf angeblicher Devisenvergehen festgenommen worden: Gemeinsam mit Oster und gedeckt von Canaris, hatte er im September 1942 eine abenteuerliche Fluchtaktion für 14 jüdische Bürger in die Schweiz organisiert. Zu diesem Zweck war eine fiktive Spionageoperation, das »Unternehmen Sieben« – ursprünglich sollten nur sieben Menschen gerettet werden – inszeniert worden. Als angebliche V-Leute des Amtes Ausland/Abwehr sollten sich die von der Deportation Bedrohten über die Schweiz nach Lateinamerika in Sicherheit bringen. Um sie mit Geld zu versorgen – die Schweiz erlaubte die Einreise nur bei ausreichenden finanziellen Mitteln –, erhielten die Flüchtlinge 100 000 Dollar aus einem geheimen Schweizer Devisendepot der Abwehr.

Direkt oder indirekt waren am »Unternehmen Sieben« noch weitere Abwehroffiziere beteiligt, wie Hauptmann Dr. Hans Harald Berger aus dem Referat I H West/3 in der Berliner Zentrale, Oberstleutnant Dr. Erich Fiedler, ein Vertrauter Osters und ehemaliger Mitarbeiter Groscurths, sowie Hauptmann Süß, der Leiter des Gegenspionage-Referats III F in der Abwehrstelle München. Eine aktive Rolle spielte auch Dr. Georg Duesterberg, den Canaris in die Abwehr geholt hatte, weil er mit seinem Vater Theodor Duesterberg noch aus der »Stahlhelm«-Zeit befreundet war. Der Jurist wurde in der Finanzabteilung ZF eingesetzt und war im Sommer 1942 mit der finanziellen Versorgung der Flüchtlinge befasst, was die Gestapo nie aufdeckte.[50]

Im Zuge des Ermittlungsverfahrens des Reichskriegsgerichts, das unter dem Stichwort »Depositenkasse« geführt wurde, nahmen der Gestapo-Kommissar Sonderegger und der Oberkriegsgerichtsrat Roeder am 5. April 1943 Dohnanyi fest. Oster, der ihn schützen wollte, wurde am selben Tag seines Amtes enthoben. Während seiner Haftzeit, die er im Gestapo-Gefängnis in der Prinz-Albrecht-Straße und im Konzentrationslager Sachsenhausen verbringen musste, erkrankte Dohnanyi schwer. In Sachsenhausen wurde er am 8. oder 9. April 1945 nach einem SS-Scheingerichtsverfahren ermordet.

Noch 1940 hatte Dohnanyi mit Osters Unterstützung seinen Schulfreund Justus Delbrück ebenfalls als Sonderführer in sein Referat geholt, als dieser zum Kriegsdienst einberufen wurde. Der Jurist Delbrück war Mitglied der Bekennenden Kirche, hatte 1933 den Eintritt in die NSDAP verweigert und als Regierungsrat in Norddeutschland gearbeitet, bis er 1935 den Staatsdienst quittierte und in die Wirtschaft wechselte. Am 17. August 1944 wurde er verhaftet, kam jedoch bei der Eroberung Berlins aus dem Gefängnis Lehrter Straße frei. Schon wenige Wochen später wurde er wieder festgenommen, diesmal vom sowjetischen Geheimdienst, und starb im Oktober im sowjetischen Lager Jamlitz.

Seit 1941 war auch Sonderführer Karl Ludwig von Guttenberg Mitarbeiter in Dohnanyis Abteilung ZB. Ludwig Beck hatte sich dafür verwendet, den katholischen NS-Gegner, der seit 1934 die regimekritischen »Weißen Blätter« herausgab, im Frühjahr 1940 zur Abwehr einziehen zu lassen. Guttenberg besaß zahlreiche Verbindungen zu Oppositionellen, unter anderen zum »Kreisauer Kreis«. Als die Gestapo ihn zu überwachen begann, versetzte ihn die Abwehr 1943 zur Abwehrstelle Agram in Kroatien. Wenige Tage nach dem gescheiterten Attentat vom 20. Juli wurde Guttenberg verhaftet und im April 1945 in der Nähe des Gefängnisses Lehrter Straße von einem Sonderkommando des Reichssicherheitshauptamtes ermordet.

Bereits Anfang September 1939 hatte Helmuth James Graf von Moltke mit Unterstützung seines Freundes Dohnanyi Schutz unter dem Schirm der Abwehr gesucht und war als ziviler Kriegsverwaltungsrat in der Abteilung Ausland eingesetzt worden. Moltke, der in einem christlich geprägten Umfeld auf dem niederschlesischen Familiengut Kreisau aufgewachsen war, studierte nach mehreren Auslandsaufenthalten in Berlin Jura. Schon früh kritisierte er Hitlers politischen Aufstieg, und nach seinem Assessorexamen verzichtete er 1935 auf ein Richteramt, um nicht der NSDAP beitreten zu müssen. Stattdessen vertrat er als niedergelassener Anwalt für Völkerrecht und internationales Privatrecht unter anderem jüdische Unternehmer in sogenannten Arisierungsverhandlungen. Von 1935 bis 1938 absolvierte er zusätzlich eine britische Anwaltsausbildung. Zu Kriegsbeginn zwar nicht als kriegsdiensttauglich, aber als »büroverwendungsfähig«[51] eingestuft, kam er zur Abwehr. Dort bestand seine Aufgabe darin, Gutachten in Fragen des Kriegsvölkerrechts zu erstellen. Dabei prangerte er in Abstimmung mit Canaris immer wieder die Rechtsverstöße des Regimes an und versuchte, sie einzuschränken. Gemeinsam mit seinem Freund Peter Graf Yorck von Wartenburg gründete Moltke Anfang 1940 die Widerstandsgruppe »Kreisauer Kreis«, in der sich zivile Oppositionelle zusammenfanden – Protestanten, Katholiken, Sozialdemokraten, Liberale und Konservative. Sie arbeiteten Pläne für eine christliche und demokratische Neuordnung von Staat und Gesellschaft nach der Überwindung des Nationalsozialismus aus. Verhaftet wurde Moltke im Januar 1944, nachdem er seinen Freund Otto Kiep vor dessen bevorstehender Verhaftung gewarnt hatte. Moltkes Verbindungen zu den Hitler-Attentätern wurden der Gestapo erst nach dem 20. Juli bekannt. Nach dem vom Volksgerichtshof am 11. Januar 1945 verhängten Todesurteil wurde er am 23. Januar im Gefängnis Plötzensee hingerichtet.

Moltkes Freund, Dr. Otto Carl Kiep, leistete ebenfalls seinen Kriegsdienst bei der Abwehr. Der Diplomatensohn hatte in Deutschland und England Jura studiert, am Ersten Weltkrieg als Reserveoffizier teilgenommen und war 1918 in das Auswärtige Amt eingetreten. Da er 1933 als deutscher Generalkonsul in New York an einem Bankett zu Ehren Albert Einsteins teilgenommen hatte, forderten die Nationalsozialisten seine Ablösung. Nach der Mobilmachung war auch für ihn die Abwehr die passende Adresse. Wie Moltke wurde er der Abteilung Ausland zugeteilt und hielt enge Verbindung zu Dohnanyi und Oster. Außerdem gehörte er dem Widerstandskreis um Hanna Solf an, der Witwe des ehemaligen deutschen Botschafters in Japan. In diesen Kreis schleuste die Gestapo 1943 einen Spitzel ein. Mitte Januar 1944 wurde Kiep mit den meisten Mitgliedern der Gruppe verhaftet, nur wenige überlebten. Kiep wurde am 1. Juli vom Volksgerichtshof zum Tode verurteilt und am 26. August im Gefängnis Plötzensee hingerichtet.

Den Schutz der Abwehr suchte 1940 auch der lutherische Theologe Dietrich Bonhoeffer. Der Vertreter der Bekennenden Kirche kritisierte seit 1933 offen die Judenverfolgung und gehörte seit 1938 zur Gruppe um Beck, Canaris und Oster. Im Frühjahr 1940 schloss die Gestapo das von Bonhoeffer geleitete, aber schon seit 1937 nur noch illegal geführte »Sammelvikariat«, das Predigerseminar der Bekennenden Kirche. Als sein Gesuch, während des Krieges als Wehrmachtpfarrer eingesetzt zu werden, abgelehnt wurde, wandte sich Bonhoeffer wegen einer »Unabkömmlichstellung« an Oster. Am 27. Mai 1940 schrieb er an das zuständige Wehrmeldeamt in Schlawe: »bitte ich nach Rücksprache mit meiner hiesigen militärischen Dienststelle um Übersendung meines Wehrpasses an den Chef des Stabes Ausland/Abwehr im OKW«.[52]

Im Oktober 1940 wurde Bonhoeffer der Abwehrstelle München als angeblicher V-Mann zugeteilt. Unter dieser Deckung konnte er Auslandsreisen unternehmen und seine kirchlichen und internationalen Kontakte nutzen, um Verhandlungen mit den Alliierten aufzunehmen. Im April 1943 wurde er, kurz nach der Verhaftung seines Schwagers Dohnanyi, ebenfalls festgenommen und blieb zwei Jahre im Gefängnis Tegel inhaftiert. Im Februar 1945 wurde er in das Konzentrationslager Flossenbürg verlegt und dort nach einem SS-Scheingerichtsverfahren am 9. April ermordet.

Sein älterer Bruder Dr. iur. Klaus Bonhoeffer war ihm in die Abwehr gefolgt. Der Chefsyndikus der Deutschen Lufthansa war schon seit längerem nicht nur über seinen Bruder, sondern auch über seinen Schwager Dohnanyi mit dem kirchlichen wie dem militärischen Widerstand verbunden und hatte seine beruflichen Reisen genutzt, um im In- und Ausland Unterstützung für die Widerständler zu gewinnen. Auch in die Attentatspläne vom 20. Juli war er eingeweiht. Am 1. Oktober 1944 wurde er verhaftet und am 2. Februar 1945 vom Volksgerichtshof zum Tode verurteilt. Zwei Monate später wurde er in der Nähe des Gefängnisses Lehrter Straße von einem Sonderkommando des Reichssicherheitshauptamts ermordet.

Ein Mitarbeiter Klaus Bonhoeffers in der Rechtsabteilung der Lufthansa war Dr. Otto August Walter John. Bonhoeffer führte ihn schon vor Kriegsbeginn mit der Opposition zusammen. Im Frühjahr 1942 übernahm John die Leitung des Lufthansa-Büros in

Madrid und knüpfte Verbindungen zu amerikanischen und britischen Diplomaten in der spanischen Hauptstadt. Wahrscheinlich bereits damals, sicherlich aber seit 1943, arbeitete er auch für Oberst Georg Hansen in der Abwehr und für die Verschwörer um Stauffenberg.[53] Vier Tage nach dem gescheiterten Attentat gelang John die Flucht nach England. 1950 wurde er Präsident des neugegründeten Bundesamtes für Verfassungsschutz, von Mitte 1954 bis Ende 1955 hielt er sich in Ost-Berlin auf, ob freiwillig oder unter Zwang ist nicht geklärt. Wegen Landesverrats wurde er 1956 zu vier Jahren Zuchthaus verurteilt, aber im Sommer 1958 vorzeitig entlassen.

Im Frühjahr 1944 half Otto John zusammen mit seinem Bruder Hans[54] dem Abwehrhauptmann Ludwig Gehre auf seiner Flucht. Gehre, ein ehemaliger Bauunternehmer, hatte sich Ende 1939 zur Abwehr einziehen lassen und sich dem Widerstand um Oster und Dohnanyi angeschlossen. Im März 1943 beteiligte er sich an dem Attentatsversuch Henning von Tresckows auf Hitlers Flugzeug, und im Januar 1944 wurde er nach der Verhaftung Moltkes ebenfalls festgenommen. Doch während seines Transports ins Gefängnis konnte er fliehen und untertauchen. Nach dem 20. Juli nahm die Gestapo die Fahndung nach Gehre wieder auf und entdeckte ihn Anfang November. Noch vor seiner Verhaftung erschoss er seine Frau und verletzte sich selbst schwer bei dem Versuch, sich ebenfalls zu töten. Nach monatelanger Haft im Konzentrationslager Buchenwald wurde er schließlich im Konzentrationslager Flossenbürg von einem SS-Scheingericht zum Tode verurteilt und am 9. April 1945 ermordet.

Bereits 1937 hatte Oster seinen Freund, den Juristen Dr. Theodor Strünck, in seiner Zentralabteilung im Referat ZR untergebracht. Strünck, ein Versicherungsfachmann, hatte seine anfänglichen Sympathien für die Nationalsozialisten verloren, als er deren Rechtsbrüche erkannte. Für konspirative Treffen der Verschwörer stellte er seine Wohnung zur Verfügung. Später im Krieg arbeitete Strünck mit Oberst Hansen zusammen und reiste mehrmals in dessen Auftrag in die Schweiz.[55] Am 1. August 1944 wurde er zusammen mit seiner Frau verhaftet, am 10. Oktober vom

Volksgerichtshof zum Tode verurteilt und am 9. April im Konzentrationslager Flossenbürg hingerichtet.

Ein weiterer Freund Osters, der auf seine Veranlassung zur Abwehr kam, war Hans Bernd Gisevius. Der Jurist arbeitete seit 1933 bei der Politischen Polizei in Preußen, aus der die Gestapo hervorging, später als Regierungsrat im Reichsinnenministerium. Diese Position ermöglichte ihm, Oster über die Verbrechen des Regimes zu unterrichten, unter anderem auch über die Morde vom Sommer 1934 an den Spitzen der SA und an Regimekritikern. Von September 1939 an gehörte Gisevius als Sonderführer zur Abwehr, und im Sommer 1940 wurde er als Vizekonsul an das deutsche Generalkonsulat in Zürich entsandt, wo er Verbindung zu den Alliierten, unter anderem zu Allan Dulles, dem Leiter des amerikanischen Geheimdienstes OSS, hielt. Nach dem 20. Juli 1944 gelang es Gisevius unterzutauchen. 1946 erschien sein autobiografisches Buch ›Bis zum bitteren Ende‹, dessen Wahrheitsgehalt allerdings inzwischen von Historikern angezweifelt wird.

Ebenfalls mit Osters Hilfe fand Ulrich Wilhelm Graf Schwerin von Schwanenfeld zur Abwehr. Der christlich-konservative Gutsbesitzer hatte schon in den 1920er-Jahren die nationalsozialistische Bewegung abgelehnt und schloss sich später dem Widerstandskreis um Moltke und Yorck von Wartenburg an, mit dem er seit der Schulzeit befreundet war. Zu Kriegsbeginn eingezogen, musste er am Polen- und am Westfeldzug teilnehmen, bis er 1942 ins Referat I H in der Abwehrzentrale wechseln konnte. 1944 gehörte er zum engsten Kreis der Verschwörer und wurde in der Nacht vom 20. auf den 21. Juli im Bendlerblock verhaftet. Am 21. August verhängte der Volksgerichtshof gegen ihn die Todesstrafe, die am 8. September im Gefängnis Plötzensee vollstreckt wurde.

Um ihre Widerstandstätigkeit, die sie schon vor dem Krieg ausgeübt hatten, unauffällig fortsetzen zu können, ließen sich auch die beiden ehemaligen Zentrumspolitiker Bernhard Letterhaus und Dr. Egidius Schneider von der Abwehr rekrutieren. Letterhaus, ein gelernter Textilkaufmann, hatte sich Mitte der 1930er-Jahre der Widerstandsgruppe im Kölner Ketteler-Haus angeschlossen. In der Gruppe C der Abteilung Ausland II der Abwehr hielt er die Verbindung zwischen den militärischen Widerständlern um Beck und Oster und der katholischen Arbeiterbewegung. Von den Attentätern um Stauffenberg war Letterhaus als Aufbauminister für die neue Regierung vorgesehen. Am 25. Juli 1944 wurde er festgenommen und im Konzentrationslager Ravensbrück inhaftiert. Am 13. November verurteilte ihn der Volksgerichtshof zum Tode, am Tag darauf wurde er im Gefängnis Plötzensee hingerichtet.

Der Jurist Schneider arbeitete seit 1933 als Referent beim Caritasverband in Köln und sah seine Aufgabe darin, politisch Verfolgte und »Nichtarier« sowie »arisch-gemischte« Ehepaare bei ihren Auswanderungsversuchen zu unterstützen. Im Frühjahr 1940 wurde er zum Kriegsdienst einberufen und kam zur Abwehrstelle Köln in die Auslandsbriefprüfstelle, später zu Abwehr III nach Berlin. Da er Kontakte zum »Kreisauer Kreis« unterhielt, wurde er nach dem 20. Juli 1944 verhaftet und im Gefängnis Plötzensee gefangen gehalten, entging jedoch Verurteilung und Hinrichtung.

Zeitweise für die Abwehr tätig war auch Herbert Gollnow. Nach dem Abitur hatte er sich bei der Reichsbahn ausbilden lassen und 1936 freiwilligen Wehrdienst bei der Luftwaffe geleistet. 1938 trat er in das Auswärtige Amt ein, um Konsulatssekretär zu werden. Nach Kriegsbeginn wurde er zur Luftwaffe eingezogen und im Herbst 1941 zur Abwehrabteilung II versetzt. Wegen seiner Zusammenarbeit mit den Widerstandskämpfern der »Roten Kapelle« um Harro Schulze-Boysen und Mildred Harnack wurde er im Oktober 1942 verhaftet und im Februar 1943 auf dem Schießplatz Tegel umgebracht.

Hans Oster – »Man kann nun sagen, dass ich Landesverräter bin«

Die Frage, ob es für den Widerstand gegen Hitler eine Grenze gebe, entschied Oster bereits 1938 für sich selbst mit einem klaren Nein: »Als Offizier fühlte er sich mitverantwortlich für Hitlers Taten, die jedem Offizier ein Maß an Schuld für das aufbürdeten, was im Namen Deutschlands geschah«, urteilt Romero Galeazzo Graf Thun-Hohenstein, der die bisher einzige Biografie des Widerstandskämpfers verfasste.[56]

Bis in die Mitte der 1930er-Jahre war Hans Oster ein unpolitischer Mensch. Der Sohn eines evangelischen Pastors war 1887 in Dresden geboren und 1907 Berufsoffizier geworden. 1912 heiratete er Gertrud Knoop, eine Cousine des Regimegegners Walter Jauch[57], mit der er drei Kinder bekam: Achim wurde 1914, Harald 1919 und die Tochter Barbara 1921 geboren. Als Oberleutnant kämpfte Oster während des Ersten Weltkriegs bis 1917 an der Westfront, danach bekleidete er bis 1924 Generalstabsstellen, unter anderen im Wehrkreiskommando Dresden, wo er Freundschaft mit den späteren Generälen von Witzleben, Thomas und Olbricht schloss. Später wurde er in den Regimentsstab Schwerin unter General von Fritsch versetzt, den er verehrte, und ab 1929 diente er im Stab der 6. Division in Münster. Im Winter 1932/1933 wurde Oster, inzwischen Major, wegen einer Liebesaffäre mit einer verheirateten Frau aus der Wehrmacht entlassen. Nach kurzer Zeit in Görings »Forschungsamt«[58] kam er im Oktober 1933 als Zivilangestellter zur Abwehr in das Referat III C 1 (Militärischer Geheimhaltungs- und Abwehrschutz bei Reichsbehörden). Von Canaris wurde Oster am 5. März 1935 als Ergänzungsoffizier reaktiviert und zum Oberstleutnant befördert. Am 26. September 1938 wurde er Leiter der Zentralabteilung Z und Chef des Stabes Amt Ausland/Abwehr im Mobilmachungsfall.

Wie die meisten seiner Kameraden begrüßte auch Oster 1933 die Machtergreifung der Nationalsozialisten und die angekündigte »nationale Politik der Stärke, die genau seinen Vorstellungen von der Rolle Deutschlands in Europa entsprach«.[59] Doch die Ernüchterung setzte bald ein. Als gläubiger Christ verurteilte Oster den Kirchenkampf und kritisierte in Gesprächen mit Gleichgesinnten die Übergriffe der Staatsorgane. Ihn beunruhigte das Vordringen der SS und der Gestapo, aber noch war er weit davon entfernt, Umsturzpläne gegen das Regime zu schmieden. Sein aktiver Widerstand begann mit dem Jahr 1938. Zwar hatte die Blomberg-Fritsch-Affäre viele Militärs vor den Kopf gestoßen, aber Oster gehörte zu den wenigen, die auch gewillt waren zu handeln. »Ich habe die Sache Fritsch zu meiner eigenen gemacht«, bekannte er 1944, als er nach dem Stauffenberg-Attentat verhört wurde: »Unsere Absichten gingen zunächst dahin, den Reichsführer SS und die geheime Staatspolizei auszuschalten, weil wir ihren Einfluss für verderblich hielten.«[60]

Bereits nach dem Scheitern des ersten Staatsstreichplans verabredete Oster mit Beck und Dohnanyi, über diplomatische Kanäle zu erkunden, ob überhaupt und wenn ja, unter welchen Bedingungen, die Westmächte sich zu einer Art Stillhalteerklärung im Fall eines Militärputsches bereit finden würden. Ziel war es, einen unter Umständen später noch einmal zu erwägenden Umsturz außenpolitisch abzusichern, um den zögerlichen Generälen die Sorge zu nehmen, die Alliierten könnten einen Machtwechsel in Deutschland militärisch ausnutzen.

Diese diplomatische Initiative wurde im September 1939 eingeleitet. Als Mittelsmann wurde der bayerische Rechtsanwalt und Regimegegner Dr. Josef Müller ausersehen, der seit 1927 bedrohte Katholiken vor Gericht verteidigte und seit Kriegsbeginn seinen Militärdienst in der Abwehrstelle München leistete. Weil Müller gute Verbindungen zum Vatikan besaß, entsandte Oster ihn nach Rom – vorgeblich, um die politische Entwicklung des Bundesgenossen Italien zu verfolgen, in Wirklichkeit aber sollte Müller versuchen, Papst Pius XII. für eine Kontaktaufnahme mit England zu gewinnen. Die britische Regierung sollte über die Absichten der deutschen Opposition informiert und um einen Friedensschluss nach einem Machtwechsel in Deutschland gebeten werden.

Schon in seinem ersten Gespräch mit Müller sprach Oster ganz offen: »Ich mache keinen Hehl daraus, dass ich dafür bin, den Verbrecher durch ein Attentat zu erledigen.« Gleichzeitig warnte er seinen Gesprächspartner vor den Folgen im Fall eines Misslingens: Während in jedem anderen Land ein Staatsstreich als Hochverrat mit Erschießen geahndet werde, sähe Hitler einen Angriff auf seine Person als »schändlichen Landesverrat: Uns erwartet nicht die Kugel, sondern der Galgen.«[61]

Von Osters Widerstandswillen beeindruckt, sagte Müller seine Mitarbeit zu und konnte schon nach einigen Wochen berichten, dass der Papst grundsätzlich zu einer Vermittlung bereit sei. Tatsächlich deutete Papst Pius XII. während der folgenden Monate dem britischen Gesandten Francis d' Arcy Osborne in zwei Gesprächen die Überlegungen der deutschen Opposition an und traf bei den Engländern auf verhaltenes Interesse an einem Friedensschluss mit einem post-nationalsozialistischen Deutschland. Aber nicht zuletzt als Folge des »Venlo-Zwischenfalls«[62] im November 1939 überwog schließlich doch das Misstrauen der britischen Regierung, und die Gespräche verliefen im Sande.

Im Frühjahr 1940 verfasste Dohnanyi den sogenannten »X-Bericht« über den Verlauf der Verhandlungen, und Halder übergab dieses Dokument Anfang April 1940 dem Oberbefehlshaber des Heeres Brauchitsch. Dieser war empört, verdammte das Vorgehen ebenfalls als Landesverrat und verlangte die sofortige Verhaftung der Verantwortlichen. Nur knapp gelang es Canaris, eine Untersuchung zu vereiteln, so dass es zu keiner Verhaftung kam.

Müller wurde im April 1943, nach der Verhaftung Dohnanyis und der gleichzeitigen Amtsenthebung Osters, festgenommen und im Konzentrationslager Buchenwald inhaftiert. Später wurde er in das Konzentrationslager Flossenbürg und schließlich in das Konzentrationslager Dachau verlegt, wo er Anfang Mai 1945 von amerikanischen Truppen befreit wurde. Nach dem Krieg gründete er mit Adam Stegerwald die CSU.

Müllers Mitarbeiter Dr. Randolph von Breidbach-Bürresheim, der seit November 1939 als Oberleutnant in der Münchner Abwehrstelle eingesetzt war, wurde ebenfalls im April 1943 festgenommen, als die Kanzlei Müllers durchsucht wurde. Dabei fand die Gestapo die »Breidbach-Berichte«, Schilderungen von Verbrechen der SS und der Wehrmacht während des Russlandfeldzuges, an dem Breidbach-Bürresheim seit Sommer 1941 teilnahm. Fast zwei Jahre war er im Gefängnis Berlin-Moabit inhaftiert, bis er im Februar 1945 in das Konzentrationslager Sachsenhausen verlegt wurde, wo er im Juni an einer Tuberkuloseerkrankung starb.

Noch während Groscurth und Halder den Staatsstreich planten und Müller gerade erst mit der Kontaktaufnahme im Vatikan begonnen hatte, reifte in Oster ein einsamer Entschluss: Da die Zeit drängte und sein Vertrauen in die Bereitschaft der Generäle zum

Staatsstreich trotz aller Bemühungen gering war, entschied er, »auf eigene Faust und auf eigene Verantwortung«[63] Hitlers Westoffensive zu verhindern. Er vertraute sich dem niederländischen Militärattaché Major Gijsbertus Jacobus Sas an, mit dem er seit 1936 befreundet war und der von seinem Hass auf die Nationalsozialisten wusste. Oster verriet Sas Hitlers Aggressionsplan und bekannte ihm gegenüber: »Man kann nun sagen, dass ich Landesverräter bin, aber das bin ich in Wirklichkeit nicht, ich halte mich für einen besseren Deutschen als alle die, die hinter Hitler herlaufen. Mein Plan und meine Pflicht ist es, Deutschland und die Welt von dieser Pest zu befreien.«[64]

Damals hoffte Oster noch darauf, Hitler werde die Westoffensive absagen, falls die Niederlande und Belgien so schnell wie möglich starke und sichtbare Verteidigungsmaßnahmen einleiteten. Als ersten konkreten Termin für den Beginn des Angriffs nannte Oster Sas den 12. November. Aber niemand in Den Haag, weder der Oberbefehlshaber der niederländischen Truppen noch die Regierungsmitglieder, nahm Sas' Warnung ernst. Einen deutschen Überfall auf ihr Land konnten sie sich nicht vorstellen, hatte er doch im Ersten Weltkrieg auch nicht stattgefunden, denn »im Unterschied zu Belgien versperrten die Niederlande nicht die traditionellen Einfallstraßen nach Frankreich«.[65] Ein altgedienter niederländischer General, dessen Rat eingeholt wurde, erklärte dazu: Zweifellos handele es sich um eine Finte, denn »wenn ein deutscher Offizier eine wichtige Information weitergebe, handele er immer auf Befehl«.[66]

Bestärkt sahen sich die Niederländer in ihrer Skepsis, als die angekündigte Offensive nicht stattfand: Hitler hatte den Termin wegen schlechten Wetters verschoben. Bis zum Mai 1940 vertagte Hitler die Westoffensive fast dreißig Mal wegen der ungünstigen Wetterlage[67], und fast jedes Mal warnte Sas seine Regierung kurz vorher. Im Frühjahr 1940 schließlich war Sas für seine Vorgesetzten vollständig unglaubhaft geworden, sie deuteten seine Informationen als durchsichtige deutsche Täuschungsmanöver, die in ihren Augen keine zusätzlichen Verteidigungsmaßnahmen erforderten.

Da sah Oster für sich keine Wahl mehr, er musste den einmal

eingeschlagenen Weg bis zum Ende gehen. Nur ein klarer militärischer Rückschlag konnte seiner Überzeugung nach den deutschen Generälen die Augen über ihre Führung öffnen. Das aber bedeutete den Tod Tausender deutscher Soldaten, was ihm eine entsetzliche Verantwortung aufbürdete. Seinen Freund Liedig, der ihn immer zu den Treffen mit Sas fuhr, bat er um Verständnis für seine Entscheidung: »Es ist viel einfacher, eine Pistole zu nehmen und jemanden über den Haufen zu schießen, es ist viel einfacher, in eine Maschinengewehrgarbe hineinzulaufen, wenn es um der Sache willen geschieht, als das, was zu tun ich mich entschlossen habe. Und wenn Sie je in die Lage kommen sollten, dann bitte ich Sie, bleiben Sie auch nach meinem Tod der Freund, der weiß, wie es um mich gestanden hat und was mich bewogen hat, Dinge zu tun, die andere vielleicht nie verstehen oder mindestens nie selbst getan haben würden.«[68]

Am 3. April 1940 gab Oster Sas die Information, dass zwischen dem 8. und 10. April die Landung in Dänemark und Norwegen stattfinden werde. Auch diese Nachricht gab Sas nach Den Haag weiter – mit der zusätzlichen Bitte, gleichzeitig die Engländer zu unterrichten, was aber unterblieb. Außerdem warnte Sas den dänischen Marineattaché sowie den norwegischen Gesandtschaftsrat Stang. Letzterer war jedoch unglücklicherweise ein Anhänger des faschistischen Parteiführers Vidkun Quisling und gab deshalb die Meldung nicht weiter. Am 9. April landeten die deutschen Truppen in Dänemark und Norwegen, Dänemark kapitulierte nach wenigen Stunden, Norwegen leistete heftigen Widerstand und gab erst im Juni den Kampf auf.

Am 7. Mai nannte Oster Sas den 8. Mai als endgültigen Tag des Angriffs im Westen, aber auch dieser Termin wurde wieder verschoben – auf den 10. Mai, falls nicht noch am Abend vorher ein neuer Aufschub angeordnet werden würde. Deshalb prüfte Oster am 9. Mai kurz vor 22 Uhr in seinem Büro am Tirpitzufer, ob neue Meldungen vorlagen. Doch er konnte Sas unmittelbar danach berichten: »Mein lieber Freund, es sind keine Gegenbefehle gegeben worden, das Schwein ist abgefahren zur Westfront. Jetzt ist es wirklich endgültig aus. Sprengt mir die Maasbrücken.«[69]

Folgenlos blieb auch dieser Appell Osters in den Niederlanden. Die deutsche Offensive begann frühmorgens am 10. Mai, noch am selben Tag erreichte die 18. Armee das Ijsselmeer. Am 14. Mai abends kapitulierten die niederländischen, am 28. Mai die belgischen Streitkräfte.

Zusätzlich zu Sas hatte Oster Anfang Mai auch Müller in Rom über den bevorstehenden Beginn der Westoffensive unterrichtet. Dieser hatte die Nachricht an den belgischen Gesandten weiter geleitet, der daraufhin telegrafisch seine eigene und auch die Regierung der Niederlande informiert hatte – allerdings ohne ein Hehl daraus zu machen, dass er selbst große Zweifel an der Ernsthaftigkeit der Bedrohung hegte. Beide Telegramme lösten zwar weder in den Niederlanden noch in Belgien Beunruhigung aus, führten jedoch zu einer brisanten Gefährdung Osters und Müllers, denn sie wurden von Görings »Forschungsamt« aufgefangen. Osters und Müllers Rettung war, dass die daraufhin angesetzte Ermittlung der Abwehrabteilung III und nicht der Gestapo übertragen wurde. Zwar konnte Müller schnell als die verräterische Quelle identifiziert werden, und auch Oster wurde sogleich als Mittäter verdächtigt, aber Canaris erteilte dem Leiter der Abteilung den nachdrücklichen Befehl, die Nachforschungen einzustellen. Dieser Befehl wurde auch befolgt.

Erst fast drei Jahre später wurde Oster endgültig im Netz der Gestapo eingefangen. Als er am 5. April 1943 im Zusammenhang mit den »Depositenkassen«-Ermittlungen Dohnanyi schützen wollte, indem er versuchte, ein belastendes Papier zu verstecken, wurde er unter Hausarrest gestellt. Am 21. Juli 1944, einen Tag nach dem gescheiterten Stauffenberg-Attentat, wurde er endgültig von der Gestapo festgenommen. Am 8. April 1945 verurteilte auch ihn ein SS-Scheingericht im Konzentrationslager Flossenbürg zum Tode durch Erhängen, und am Tag darauf wurde er zusammen mit Canaris, Bonhoeffer, Sack und Gehre ermordet. Von seiner Weitergabe der Angriffstermine hat das Nazi-Regime nie etwas erfahren, sie wurde erst nach dem Krieg von Sas bekannt gemacht.[70]

Der Canaris-Biograf Michael Mueller schätzte 2006, »dass von allen Offizieren, Beamten und Angestellten, die in Spitzenzeiten für die Abwehr arbeiteten, höchstens 50 als aktive Widerständler gelten konnten«.[71] Einiges spricht dafür, dass Muellers Zahl viel zu niedrig gegriffen sein dürfte. Schon knapp 40 sind in diesem Kapitel kurz aufgeführt, und dabei handelt es sich nur um die bekannten, deren Handlungen bereits anderen Orts umfangreich dokumentiert und gewürdigt worden sind. Allein in den Abwehrstellen, deren Leiter erklärte Nazi-Gegner waren, wie in Wien Marogna-Redwitz oder in Wiesbaden Armster, können weitere Oppositionelle vermutet werden. Deren mögliche Widerstandsaktionen – sei es, dass sie durch aktives Handeln oder durch absichtlich passives Unterlaufen von Befehlen die nationalsozialistische Politik zu behindern versuchten – sind bis heute undokumentiert geblieben. In München zum Beispiel konnte Bonhoeffer seine konspirativen Reisen als angeblicher V-Mann nur unternehmen, weil es dort mehrere einflussreiche Gesinnungsfreunde von Canaris und Oster gegeben haben muss – bekannt sind bisher nur Rechtsanwalt Josef Müller, der die Verhandlungen mit dem Papst führte, und sein Mitarbeiter Breidbach-Bürresheim. Eines der bisher unentdeckten »Verschwörernester« war die Abwehrstelle Hamburg mit ihrer Nebenstelle Bremen.

Kapitel V
Das Widerstandsnest Hamburg

»Auf den Kapitän zur See Wichmann konnte man zählen«

Auch der Leiter der Hamburger Abwehrstelle Herbert Wichmann, der das Unternehmen »Lena« verantwortete, stand dem Nazi-Regime kritisch gegenüber. »Bereits seit 1933 sei sein Bruder Herbert anti-Nazi«,[1] vertraute Erich Wichmann, der in Chile lebte, im April 1943 einem Mitarbeiter der amerikanischen Botschaft in Santiago an.

Spätestens seit 1943 verband den Hamburger Abwehrstellenleiter sogar eine enge Beziehung zu der Gruppe der Verschwörer um Stauffenberg. Sie wussten, »auf den Kapitän zur See konnte man zählen«.[2] Zeitweise wurde Wichmann sogar von der Gestapo überwacht, die ihn nicht zu Unrecht verdächtigte, rassisch und politisch Verfolgten die Flucht in die Schweiz und nach Spanien zu ermöglichen.[3] Der SD-Mitarbeiter Steinert bestätigte nach dem Krieg während eines Verhörs in britischer Kriegsgefangenschaft in Neumünster, dass gegen Wichmann und seine Mitarbeiter großes Misstrauen geherrscht habe: »Der SD habe die Abwehr Hamburg genau beobachtet, denn die Offiziere waren Volksschädlinge, die die deutschen Kriegsanstrengungen unterminierten, anstatt sie zu unterstützen.«[4]

Herbert Christian Oscar Otto Wichmann wurde am 18. April 1894 in Hamburg geboren, seine Eltern waren Oscar Wichmann und Emma, geb. Harbeck. Nach der Grundschulzeit erreichte er 1910 seinen Realschulabschluss am renommierten Hamburger Gymnasium Johanneum. Um seinen Berufswunsch, Marineoffizier zu werden, zu erfüllen, musste er einen Kompromiss schließen, wie er in seinen Lebenserinnerungen berichtete, die er 1981 für seinen Familien- und Freundeskreis verfasste: »Mein Vater, seiner hanseatischen Einstellung zufolge, wollte absolut nicht, dass ich aktiver Seeoffizier wurde. Dagegen konnte ich, damals noch unter 21 Jahre alt und daher nicht mündig, nichts machen. Nach langen Auseinandersetzungen kamen wir schließlich zu einem Vergleich. Er wollte seine Zustimmung geben, wenn ich ein Handwerk erlernen würde.«[5]

Nach einer Lehre als Maschinenbauer in der Maschinenfabrik Heidenreich und Harbeck in Hamburg besuchte Wichmann für ein Jahr die »Höhere Maschinenbauschule« in Kiel und anschließend die Oberrealschule in Hamburg-Eppendorf, wo er im Frühjahr 1914 sein Abitur ablegte. Am 1. April 1914 meldete er sich freiwillig in Mürwik zur Kaiserlichen Marine und erlebte den Seekrieg als Funkoffizier auf dem Großlinienschiff »Großer Kurfürst« und auf den Kleinen Kreuzern »Elbing« und »Graudenz« sowie als Flaggleutnant auf einem Torpedoboot. Im Juni 1919 nahm er im Rang eines Oberleutnants zur See seinen Abschied von der Marine und kehrte zu seinem früheren Arbeitgeber zurück. 1922 heiratete er Lulu Bieber. In den folgenden Jahren wechselte er mehrmals die Arbeitgeber – unter anderem verbrachte er 1923/1924 für das Hamburger Exportunternehmen Heldmann & Co. anderthalb Jahre in Buenos Aires und Montevideo –, bis er 1932 als Abteilungsleiter zur Handelsfirma R. Weichsels & Co. nach Berlin kam.

In Berlin traf Wichmann Hans Georg von Friedeburg wieder, seinen besten Freund aus der Seekadettenzeit, der inzwischen im Rang eines Korvettenkapitäns Adjutant bei Reichswehrminister von Blomberg war. Von Friedeburg ließ Wichmann sich überreden, zur Marine zurückzukehren. Im Juni 1934 begann er im Marine-Nachrichtendienst in Kiel-Holtenau, wo seine Aufgabe darin bestand, den Funkverkehr ausländischer Seestreitkräfte zu überwachen. Im September 1935 wurde er zur Abwehr abkommandiert. Nach kurzer Einführungszeit in der Berliner Zentrale und auch schon einigen Wochen in der Abwehrstelle Hamburg kam er zunächst, inzwischen zum Korvettenkapitän befördert, zur Abwehrstelle Lindau als Leiter des Referats I M (Marine). Etwa ein Jahr später war er einige Zeit in der Stuttgarter Abwehrstelle eingesetzt, wo er auf Karl Adolf Krazer traf, einen Offizier, der seinen Weg später wieder kreuzen sollte. Leiter des Marinereferats in

Stuttgart war Hauptmann Waag, der der Bruder von Canaris' Ehefrau Erika, geb. Waag, gewesen sein soll[6] und den ein deutscher Offizier kurz vor Kriegsende einem MI-5-Offizier gegenüber als »vehementen Nazi-Feind«[7] beschrieb. Ende des Jahres 1936 wechselte Wichmann endgültig in seine Heimatstadt Hamburg, sein Nachfolger in Stuttgart wurde der Marineoffizier Dr. Franz-Maria Liedig, der enge Freund Osters.

1936 lag die Leitung der Hamburger Abwehrstelle bei Hauptmann Crome, sein Nachfolger wurde 1939 Hauptmann Dr. Dischler. Das Marinereferat, dem Wichmann zugeordnet wurde, führte Korvettenkapitän Burghardt, weitere Mitarbeiter waren damals nur Kapitänleutnant Müller und der Angestellte Dierks, später kam noch Korvettenkapitän von Wettstein hinzu. Nach kurzer Zeit in Hamburg wurde Wichmann die Leitung des Marinereferats übertragen, Burghardt übernahm Gruppe I. Als dieser abkommandiert wurde, stieg Wichmann zum Gruppenleiter I auf. Ende 1939 übernahm er die Gesamtleitung der Hamburger Abwehrstelle, ein Jahr später erfolgte seine Beförderung zum Fregattenkapitän, und am 1. November 1941 wurde er zum Kapitän zur See ernannt.

Zu Wichmanns Aufgaben als Leiter der Hamburger Abwehrstelle gehörte auch, wie er in seinen Erinnerungen berichtete, die »nicht zu umgehende Zusammenarbeit mit der Polizei, Gestapo und SD. Admiral Canaris sagte mir einmal unter vier Augen: Es ist für dich eine schwierige Aufgabe. Wie du sie löst, ist deine Sache; aber ich sage dir, nimm dich in Acht vor den Schwarzen (gemeint waren Gestapo und SD). Diese Äußerung kennzeichnet die Einstellung von Canaris.«[8]

Seinen obersten Chef schätzte Wichmann besonders, denn er hatte früh erkannt, wie sehr dieser die nationalsozialistische Rassenlehre verurteilte. 1936 konnte er selbst miterleben, wie Canaris – die geltenden Rassegesetze nicht achtend – den damaligen deutschen Generalkonsul in einer italienischen Hafenstadt deckte, der mit einer »nicht-arischen« Frau verheiratet war. »Seine menschliche Entscheidung hatte mich damals sehr beeindruckt und mein Verhältnis zum Admiral auf eine sehr menschliche und verständnisvolle Basis gestellt.«[9]

Über seine Verbindungen zum Widerstand äußerte sich Wichmann auch noch in der Nachkriegszeit nur sehr zurückhaltend. In seinen Erinnerungen heißt es dazu: »Im Frühsommer 1944 lud Canaris' Nachfolger, Oberst i. G. Hansen, mich eines Abends in Zossen (inzwischen war das Hauptquartier der Abwehr vom Tirpitzufer dorthin übergesiedelt) zum Essen ein. Bei einer guten Flasche deutete er mir vorsichtig Pläne zur Veränderung der Staatsführung an. Ich stimmte, die allgemeine Lage erwähnend, zu, brachte jedoch auch meine großen Bedenken betreffend der Durchführung zum Ausdruck. Ich führte aus, dass ich dies nur für möglich hielte, wenn vorher mit einem maßgeblichen Teil der Partei bzw. der SD-Führung eine Art Stillhalteabkommen zustande käme. Gegen die SS, die Waffen-SS, SA und auch sicherlich gegen große Teile der Wehrmacht seien m. E. derartige Pläne utopisch. Diese meine Meinung dürfte dafür ausschlaggebend gewesen sein, dass Hansen davon absah, mich näher einzuweihen. Er sagte nur beim Abschied, dass er hoffe, ich würde mich ergebendenfalles loyal verhalten, und dieses Gespräch vollkommen für mich behielte. Bei Beendigung des Gesprächs sagte er noch, dass es dann evtl. meine Aufgabe sei, in Hamburg SD und Gestapo kaltzustellen. Wie und womit, sagte er zwar nicht. Ich habe es wohl Hansen zu verdanken, dass ich nicht in den Sog der Nachfolgeerscheinungen des 20. Juli hineingezogen wurde.«[10]

In Wichmanns Lebenserinnerungen findet sich nur ein einziger Hinweis auf eine eigene widerständige Handlung und der fällt knapp und fast beiläufig aus: »Von Arcachon aus starteten wir auch ein Kutterunternehmen nach Spanien und Südamerika. Für die erste Strecke bis zu einem nordspanischen Hafen nahmen wir etwa ein Dutzend ›Passagiere‹ mit, die aus den verschiedensten Gründen nicht mehr in Deutschland bleiben konnten.«[11]

Während über das Nachkriegsschicksal der meisten Mitarbeiter Wichmanns kaum Informationen zu finden sind, ist über Wichmanns späteren Werdegang einiges bekannt. Bei Kriegsende geriet er in britische Kriegsgefangenschaft und wurde nach England überführt. Mitte Oktober 1945 verlegten ihn die Briten aus dem Camp 020 zurück nach Deutschland in das Kriegsgefangenlager Eselsheide im heutigen Schloss Holte-Stukenbrock bei Bielefeld. Ende April 1946 wurde er auf Anforderung des dänischen Generalstabes nach Kopenhagen zu Verhören gebracht und dort monatelang in Haft gehalten. Am 10. Dezember wurde er ins Lager Neuengamme bei Hamburg überführt und am 7. März 1947 endgültig aus der britischen Kriegsgefangenschaft entlassen.

Auf ausdrücklichen Wunsch der britischen Militärverwaltung begann er schon einen Monat später mit dem Wiederaufbau des Hamburger Arbeitsamtes für Seefahrt. Im Herbst des Jahres wurde ihm – wiederum auf Wunsch der Briten – die Aufgabe übertragen, einige hundert Schiffe der ehemaligen Kriegsmarine, die noch in den Nord- und Osteehäfen lagen, zu versteigern. Zusammen mit einem internationalen Investor und einer deutschen Reederei gründete er am 1. Oktober 1947 den »Ships Control Service«, der in den folgenden Jahren alle Schiffe nach einer technischen Überholung auf Auktionen verkaufen konnte. Anschließend arbeitete Wichmann noch über zwanzig Jahre bis zu seiner Pensionierung für diese internationale Firma.

In seiner Freizeit engagierte er sich wieder für seinen Hamburger Segelclub, den Norddeutschen Regatta Verein, dem er seit 1914 angehörte, seit 1921 sogar als Mitglied des Vorstandes. 1949 ließ er sich erneut zum Schriftführer ernennen, und von 1953 bis 1963 war er stellvertretender Vorsitzender. Zu seinem 90. Geburtstag würdigte ihn einer seiner Freunde unter anderem mit diesen Worten: »Legende sind die Menschen, die im Dritten Reich durch ihn gerettet wurden. Alles, was er für andere tat, war erfüllt von dem Wunsch, beizutragen zur Vernunft im menschlichen Beisammensein.«[12] Im Alter von 93 Jahren starb Herbert Wichmann am 9. Juli 1987.

Wichmanns Netzwerk – gute Deutsche, schlechte Nazis

In Wichmanns Umfeld finden sich auffällig viele Nazi-Gegner – in seiner eigenen Abwehrstelle Hamburg wie auch in der Nebenstelle Bremen, ebenso unter den Kontakten, die er im Rahmen seiner

Abwehreinsätze knüpfte, sowie in seinem Freundes- und Bekanntenkreis. So war er seit den 1920er-Jahren mit dem Juristen Dr. Harald Mandt befreundet, den er während seiner Tätigkeit in Buenos Aires kennengelernt hatte, wo Mandt für eine Versicherungsgesellschaft arbeitete. Mandt war 1888 als Sohn eines kaiserlichen Marineoffiziers geboren worden und hatte neben Jura Staatswissenschaften und Nationalökonomie in Greifswald und Berlin studiert. Schließlich war er als Rhodes-Stipendiat in das Brasenose College in Oxford aufgenommen worden. Dort freundete er sich mit dem späteren Widerstandskämpfer Albrecht Graf von Bernstorff an, der 1945 von der SS ermordet wurde. Mandt und Bernstorff waren Mitglieder im sogenannten Hanover Club, dessen Ziel in der Förderung der Beziehungen zwischen Deutschland und England bestand. Zahlreiche Kontakte der Freunde auch in den folgenden Jahrzehnten sind überliefert, unter anderem Besuche Mandts auf dem Bernstorff'schen Familiensitz Stintenburg.[13] 1929 wurde Mandt auf Empfehlung Bernstorffs in den Auswahlausschuss für deutsche Rhodes-Stipendiaten gewählt.

Zeit seines Lebens hegte Mandt große Bewunderung für die Toleranz und die demokratischen Strukturen im Vereinigten Königreich, das ihn nach dem Krieg mit der Ernennung zum »Commander of the British Empire« auszeichnete – nicht erstaunen kann es deshalb, dass er das Nazi-Regime verachtete. Von 1956 bis 1970 war Mandt Aufsichtsratsvorsitzender der Versicherungsgesellschaft Albingia, 1959 wurde er zum Ehrensenator der Universität Hamburg ernannt, und als erster Deutscher bekleidete er das Amt eines Vizepräsidenten des Internationalen Rotary-Clubs.

Mandts enge Freundschaft mit Herbert Wichmann dauerte bis zu Mandts Tod 1974 an.[14] Bereits zu Kriegsbeginn hatte Wichmann ihn in das Marinereferat der Hamburger Abwehrstelle geholt und ihm ein eigenes Büro im Gebäude Hamburger Hof am Jungfernstieg zugewiesen. Dort kam Mandt in den folgenden Jahren Wichmanns Auftrag nach, in Einzelgesprächen die Eignung potenzieller Spione für einen Englandeinsatz zu überprüfen.

Ein weiterer enger Freund Wichmanns war der Leiter der Abwehrnebenstelle (Nest) Bremen, Korvettenkapitän Dr. Erich

Pheiffer. Noch im Mai 1945, bei Kriegsende, fand sich Pheiffers Telefonnummer als eine von nur drei Offizierskollegen in Wichmanns Notizbuch verzeichnet.[15] Nach der Aussage des Abwehroffiziers Joseph von Ledebur-Wicheln sollen beide Männer sogar Vettern gewesen sein.[16] »Er war ein guter Deutscher, aber ein schlechter Nazi«, so charakterisierte »Tin Eye« Stephens, der Leiter des MI-5-Verhörzentrums Camp 020, den Kriegsgefangenen Pheiffer. »Und als solcher war er wohl einer der besseren Abwehroffiziere. Seinem Charakter entsprechend und als Angehöriger des Marine-Offizierskorps war er loyal, und es ist zu bezweifeln, ob er uns irgendwelche Informationen gegeben hätte, wenn er nicht mit dem vollständigen Kollaps seines Landes gerechnet hätte.«[17]

Pheiffer hatte sich 1914, kurz vor seinem Abitur, freiwillig zu einem Artillerieregiment gemeldet, war aber schon nach einem halben Jahr wegen einer Lungenkrankheit demobilisiert worden und hatte daraufhin sein Abitur nachgeholt. Im Oktober 1915 meldete er sich wieder zum Kriegsdienst, diesmal bei der Marine. Bei Kriegsende war er Leutnant zur See auf einem U-Boot. 1919 begann er ein Wirtschaftsstudium, das er mit der Promotion abschloss. Nach mehreren beruflichen Stationen und einem politischen Engagement in der nationalliberalen Deutschen Volkspartei, die sich 1933 auflöste, kehrte er 1933 zur Marine zurück und wurde in Wilhelmshaven stationiert. Inzwischen hatte er Lotte Weimann geheiratet, mit der er zwei Söhne bekam. 1935 beauftragte Canaris ihn, eine Nebenstelle der Abwehr Hamburg in Bremen aufzubauen, um von dort aus weltweit Schiffsbewegungen zu beobachten. Diese Abwehrnebenstelle (Nest) war Hamburg und damit ab 1939 Wichmann unterstellt. Wie Pheiffer nach seiner Festnahme am 29. Oktober 1945 einem MI-5-Offizier erklärte, war er schon seit dem Sommer 1938 davon überzeugt, dass wegen der Politik Hitlers ein Krieg unvermeidlich sein werde, eine Ansicht, die allerdings von vielen anderen seiner Kameraden nicht geteilt werde, »die nur zu bereit waren, Ribbentrops gegenteiligen Versicherungen zu glauben«.[18] Sein Mitarbeiter Ledebur-Wicheln berichtete nach dem Krieg, Pheiffer habe sich immer wieder über die »Gangster-Methoden der SS« empört und sie als »Verbrechen gegen die Zivilisation« angeprangert.[19]

Im Mai 1940 übernahm Pheiffer die Leitung der Abwehraußenstelle Brest, im März 1942 wurde er an die Abwehrleitstelle Paris unter Oberst Rudolph versetzt. Ein Jahr später wechselte er in die Abwehrzentrale nach Berlin als Leiter des Marinereferats unter Oberst Georg Hansen, dessen Stellvertreter er wurde. Im Frühjahr 1944 schließlich übernahm er die Kriegsorganisation (KO) der Abwehr in Istanbul, bis die Türkei die diplomatischen Beziehungen zu Deutschland abbrach. Pheiffer wurde interniert und im April 1945 mit einem schwedischen Schiff zurück nach Deutschland gebracht.

Ein weiterer Nazi-Gegner in der Hamburger Abwehrstelle war der Funkspezialist Dipl. Ing. Werner Max Trautmann[20], der seit Kriegsbeginn das Referat I i (Agentenfunk) leitete. Zuvor, seit 1934, hatte Trautmann für die Stettiner Abwehrstelle und deren Chef, Kapitän zur See Walter Konrad Wiebe, gearbeitet. Bezeugt wurde die Regimegegnerschaft dieser beiden Offiziere Ende Mai 1942 unter anderen von dem in Brasilien verhafteten deutschen Spion Christiansen in einem MI-5-Verhör: Er wisse, »dass Trautmann und Wibbe (Wiebe) viele Leute in unterschiedlichen Bereichen kennten, die gegen die Nazis arbeiten wollten«.[21] Von einer engen Zusammenarbeit der beiden Abwehrstellen Hamburg und Stettin berichtete 1943 auch ein weiterer deutscher Spion mit dem Namen Borresen oder Boerresen, der während seines MI-5-Verhörs aussagte, eine Liste mit der Bezeichnung »Hamburg-Stettin-Nachrichtendienst« eingesehen zu haben, auf der auch der Name Wichmann verzeichnet gewesen sei.[22]

Wiebe stammte aus Ostpreußen, besuchte ein humanistisches Gymnasium in Danzig und trat anschließend in die Kaiserliche Marine ein. Bis 1919 blieb er Marineoffizier, danach arbeitete er als Angestellter in einem Büro. In den 1920er-Jahren schloss er sich einer Gruppe an, die die Zukunft Deutschlands nicht in überseeischen Besitzungen, sondern in einem vereinten Europa sah und sich für eine enge Zusammenarbeit mit England aussprach. 1932 wurde Wiebe für die Abwehrnebenstelle Danzig angeworben und

1935 in die übergeordnete Abwehrstelle Königsberg versetzt. Von August 1939 bis zum Kriegsende leitete er die Abwehrstelle Stettin. Im September 1945 wurde er in Flensburg festgenommen und blieb bis 1947 in Kriegsgefangenschaft. Zu Wiebes engerem Umfeld zählten mehrere bekannte Widerständler. Georg Hansen, Canaris' Nachfolger ab Frühjahr 1944, leitete von 1938 bis zum Sommer 1940 als Oberleutnant das Referat III F in Stettin, bevor er in die Berliner Abwehrzentrale versetzt wurde. Eine enge Freundschaft verband die beiden Männer bis zu Hansens Tod im Jahr 1944.[23]

Im Stettiner Marinereferat arbeitete zeitweise auch der Jurist Dr. Bernd Eugen Mumm von Schwarzenstein, der aus politischen Gründen 1939 den diplomatischen Dienst quittieren musste und seinen Kriegsdienst bei der Abwehr leistete. 1943 musste er auch die Abwehrstelle verlassen, nachdem die Stettiner Gestapo begonnen hatte, ihn zu überwachen. Er wurde an die Front beordert und 1944 wegen aktiven Widerstandes zu fünf Jahren Lagerhaft verurteilt. Fürst Knyphausen, ein Freund Mumms von Schwarzenstein, war von Wiebe selbst in seine Stettiner Abwehrstelle geholt worden. In der Funkabteilung, die Trautmann Anfang 1939 in Krugsdorf bei Stettin aufgebaut hatte, wurde er zum Funker ausgebildet. Da auch er 1943 in das Visier der Gestapo geriet, half Wiebe ihm, einen Posten in Berlin zu erhalten.[24]

Über Knyphausen lernte Wiebe die Berliner Rechtsanwälte Dr. Sarre und Dr. Eduard Waetjen kennen, beide erklärte Feinde der Nazis. Waetjen, dessen Mutter Amerikanerin war, war mit Moltke und Adam von Trott zu Solz befreundet und gehörte zum »Kreisauer Kreis«. Vermutlich wurde er schon zu Kriegsbeginn Mitarbeiter der Abwehr. 1942 oder 1943 wurde er auf Hansens Anordnung als Vizekonsul in der deutschen Gesandtschaft in Zürich eingesetzt und übernahm nach der Verhaftung Osters Kurierdienste zwischen den Berliner Widerständlern und Zürich.[25]

Auch der Hamburger Abwehrhauptmann Dr. Friedrich Karl Praetorius kann zu den Regimegegnern gerechnet werden. Dafür sprechen sein enger Kontakt zu Wichmann, aber auch seine auffallend unbedarft und naiv anmutenden Aussagen während seiner Nachkriegsverhöre durch MI-5-Offziere. Als Wichmann Ende 1939 zum Abwehrstellenleiter ernannt wurde, folgte Praetorius ihm als Gruppenleiter I nach. Der gebürtige Berliner hatte sich nach seinem Abitur 1914 freiwillig zum Kriegsdienst gemeldet. Schon nach wenigen Monaten schwer verwundet, war er von französischen Truppen gefangen genommen worden. Nach dem Krieg hatte er studiert – mit Unterbrechungen, weil er seinen Lebensunterhalt selbst verdienen musste – und war 1924 zum Doktor der Nationalökonomie promoviert worden. Vier Jahre hatte er anschließend für den »Schutzverein Deutscher Reeder« in Hamburg und danach als freier Journalist gearbeitet. 1929 war er dem »Stahlhelm« und 1934 der SA beigetreten.

1935 hatte Praetorius sich reaktivieren und auf den Rat seines Freundes Dr. Dischler, damals Leiter der Gruppe III in Hamburg, zur Abwehr versetzen lassen. Dort hatte er das neu geschaffene Referat I Wi (Wirtschaft) geleitet, bis er 1939 die Gruppe I übernahm. Im Anschluss an seine Vernehmungen in der Kriegsgefangenschaft wurde er von dem leitenden MI-5-Offizier am 20. August 1945 als ziemlich unfähig eingeschätzt: »Zum einen wirkt er in keiner Weise wie ein Nazi, ihm fehlt die Arroganz und der dahinter verborgene Minderwertigkeitskomplex, der bei den richtigen Nazis so häufig ist. Darüber hinaus ist er ein Bücherwurm, der sich offensichtlich vor allem mit Papierkram beschäftigte, und das erklärt wahrscheinlich seinen völligen Mangel an Kenntnis (und damit Kontrolle) über seine Abteilung. Obwohl er uns freiwillig viel mitteilte, gibt es eine Reihe von Punkten, über die er erstaunlicherweise nur wenig oder gar nichts weiß.«[26]

Einer der wohl entschiedensten Regimegegner unter Wichmanns Hamburger Mitarbeitern war der Luftwaffenhauptmann Julius Boeckel. Als er im November 1946 immer noch in britischer Kriegsgefangenschaft festgehalten wurde, legte seine Frau Ragna der britischen Lagerleitung mit Hilfe eines Anwalts mehrere Leumundszeugnisse vor, um ihn zu entlasten und seine Freilassung zu erreichen. Im Schreiben des ehemaligen Pastors Theodor Harmsen aus Witzhave, der das Ehepaar Boeckel getraut und seine drei Kinder getauft hatte, heißt es: »In vielen persönlichen Gesprächen haben wir selbstverständlich auch über die alles beherrschenden politischen Tagesfragen gesprochen. Immer wurde hierbei die kritische Einstellung Ihres Gatten zum Nationalsozialismus deutlich. Viele der damals stattgefundenen Unterhaltungen hätten bei Bekanntwerden genügt, alle Beteiligten mit der Gestapo in Konflikt zu bringen. Sowohl ich wie meine Frau haben in Ihres Gatten und Ihrer Gegenwart niemals aus unserer Überzeugung ein Hehl machen müssen, die durch die Tatsache gekennzeichnet war, dass meine Frau zu den aus rassischen Gründen Verfolgten gehörte.«[27]

Ebenso bezeugte ein Nachbar Boeckels in Hamburg, der Augenarzt Dr. A. Goslich, dessen Gegnerschaft zum Regime: »In häufigen, manchmal täglichen Gesprächen lernte ich in B. einen der überzeugtesten Gegner des Nationalsozialismus kennen, der sich nicht scheute, seine Ansichten in einer Form zu äußern, die bei solcher Gelegenheit durchaus nicht alltäglich war. Schon vor 1939 war es ihm klar, dass die verbrecherische Politik eines Hitler unbedingt zu einem Kriege führen musste, dessen Ausgang, die Vernichtung Deutschlands, für alle Einsichtigen von vornherein keine Überraschung mehr bedeuten konnte. Herr B. hat sich auch gegen mich, der ich als rassisch und politisch Verfolgter (Mischling II°) von den Nazis bis März 1945 drangsaliert und bespitzelt wurde, stets in vornehmster und kameradschaftlicher Weise benommen und die Untaten an den Juden (vor allem am 9. XI. 38) voller Abscheu und aufs schärfste gegeisselt.«[28]

Julius Boeckel stammte aus dem kleinen Ort Mittelbergheim im Elsass. Nach der Realschule besuchte er eine Handelsschule in Straßburg und begann dort 1911 sein Arbeitsleben bei der Import-Exportfirma Ungemach. Im Ersten Weltkrieg diente er drei Jahre in einem Artillerieregiment, anschließend bei den Feldfliegern. Nach Kriegsende kehrte er zur Firma Ungemach zurück, 1922 wechselte er zum Exportunternehmen Simon Israel & Co. in Hamburg und zwei Jahre später zu Rollmann & Rose, Strumpf-Fabrikation und -Export, in Chemnitz. 1925 machte Boeckel sich mit seiner eigenen Firma, die ebenfalls Strümpfe herstellte und exportierte, in Hamburg selbständig. Geschäftsreisen führten ihn nicht nur in die Länder Westeuropas, sondern auch nach Mittel- und Südamerika. Ende August 1939 als Reserveoffizier eingezogen, besuchte er eine Fliegerschule der Luftwaffe – bereits 1932 hatte er aus privater Begeisterung seinen Flugschein gemacht. Anfang 1940 wurde er als Hauptmann zum Fliegerausbildungskommando Wien versetzt. Im Sommer 1940 wechselte er zur Abwehrstelle Hamburg – MI 5 gegenüber behauptete er, sich selbst darum bemüht zu haben, weil eine Stationierung in Hamburg es ihm ermöglichte, seine Firma weiterhin zu leiten, aber vermutlich wusste er längst, dass der Abwehrstellenleiter Wichmann wie er selbst ein Gegner der Nazi-Diktatur war.

Im Luftreferat I L in Hamburg erhielt Boeckel zunächst von Nikolaus Ritter, seinem Vorgesetzten, die Aufgabe, Spione für den Einsatz gegen England zu finden und auszubilden – eine Tatsache, die Wichmann gegenüber MI 5 verschwieg. In einer Liste, die Wichmann für MI 5 anfertigte und in der alle Offiziere aufgeführt sind, die von 1939 bis 1944 für die Hamburger Abwehr arbeiteten, taucht Boeckel gar nicht auf. Als Ende 1941 das Hamburger Luftreferat aufgelöst wurde, wurde Boeckel zu I L in die Berliner Abwehrzentrale versetzt. Am 1. April 1944 wurde er zurück nach Hamburg kommandiert und übernahm dort die Leitung eines neu eingerichteten Luftreferates. Am 12. September 1945 wurde er von britischen Truppen festgenommen und trotz der Bemühungen seiner Frau erst im Mai 1947 entlassen.

Ein überzeugter Regimefeind war auch Major Karl Adolf Krazer, den Wichmann bereits 1936 in der Abwehrstelle Stuttgart kennengelernt hatte, wo zeitweise auch die Nazi-Gegner Waag und Liedig stationiert waren. Einer der ehemaligen Mitarbeiter Krazers, Sonderführer Unversagt, versicherte nach dem Krieg dem ihn vernehmenden MI-5-Offizier: »Krazer war nie Mitglied der Nazi-Partei, und allein durch seine kritischen Bemerkungen machte er sich viele Feinde und brachte sich selbst in Schwierigkeiten.«[29] Krazer, der 1888 in Neu-Ulm geboren wurde und in München aufwuchs, war ein glühender bayerischer Monarchist. Nach Abschluss seines Jurastudiums und der Referendarzeit war er zum Kriegsdienst eingezogen und 1918 so schwer verwundet worden, dass sein linker Unterschenkel amputiert werden musste. Nach seiner Entlassung aus der Armee wurde er Anwalt und schloss sich 1921 in München mit dem Juristen Dr. Otto Gutmann zu einer Sozietät zusammen, die Industriekonzerne beriet. 1925 heiratete er Ilse Stengel, die Ehe blieb kinderlos.

Politisch engagierte sich Krazer vor allem für die Unabhängigkeit Bayerns – unter anderem in der Organisation »Bayerischer Heimatschutz«, die mit einer Inthronisierung des ehemaligen Kronprinzen Rupprecht von Bayern die Machtergreifung Hitlers zu verhindern suchte. Etwa Mitte der 1930er-Jahre trat er wieder in die Wehrmacht ein, vermutlich kam er zur Abwehrstelle Stuttgart als Ergänzungsoffizier. 1938 ließ er sich mit Hilfe seines langjährigen Freundes Sensburg zur Abwehrstelle Wiesbaden versetzen, die von dem Regimegegner Oberst Otto Armster geleitet wurde, der sich später dem Kreis um Stauffenberg anschloss.

Im Frühsommer 1940 folgte Krazer Sensburg zur neu aufgebauten Abwehrstelle in Brüssel. Ende 1941 übernahm er von Sensburg, der nach Athen wechselte, die Leitung der Brüsseler Gruppe I. Anfang Juni 1945 geriet Krazer in Traunstein in amerikanische Gefangenschaft und begründete während seiner Verhöre im »Camp King«, dem European Command Intelligence Center der US-Truppen in Oberursel, seine Gegnerschaft zum Hitler-Regime mit seinem bayerischen Patriotismus: Von Beginn an habe er das Nazi-Programm abgelehnt und sei nie Parteimitglied geworden, stattdessen habe er für ein unabhängiges Bayern gekämpft. Seine Arbeit für die Abwehr habe er sehr geschätzt, vor allem auch unter politischem Aspekt, denn das Abwehramt habe sich häufig der Partei, der SS und besonders dem SD widersetzt.[30]

Gut befreundet war Krazer auch mit Major Edgar Wedepohl, der wiederum ein enger Freund von Canaris war und von diesem den wohlwollenden Spitznamen »Professor« erhalten hatte. Canaris hatte Wedepohl, einen Diplomingenieur und Architekten, im Herbst 1939 zur Abwehr geholt und ihn Ende Juni 1940 beauftragt, den »Mischling ersten Grades« Wilhelm Tiemann unter dem Decknamen »Tintoretto« bei der Abwehrstelle Brüssel unterzubringen, in der damals bereits einige Regimegegner aus Wichmanns Umfeld tätig waren. Ende 1940 wurde Tiemann nach Paris geschickt, wo er Aufträge für die Widerstandsgruppe um Oster und Dohnanyi erledigt haben soll. Nach Canaris' Verhaftung im Frühjahr 1944 beschaffte Wedepohl Tiemann und dessen Frau Papiere für eine Flucht nach Spanien.[31]

Zu Krazers Freundeskreis zählte weiterhin Major von zu Mühlen, der zeitweise für ihn in Brüssel arbeitete und später in der deutschen Vertretung in Bern tätig war, von der aus während der Kriegsjahre mehrfach Fühler zu den Alliierten ausgestreckt wurden. Von zu Mühlen war ein Cousin des Sonderführers Dr. Joachim Wrede, im Zivilberuf Anwalt in Köln, den Krazer 1940 in sein Referat I H in Brüssel holte. Wrede gab nie vor, Sympathien für die Nazis zu hegen. Im Frühjahr 1942 ernannte Krazer ihn zum Leiter der sogenannten »Außenstelle Belgien« in Paris, wo Wrede offiziell V-Männer betreuen sollte. Er bezog eine Wohnung an der Place Victor Hugo, die zu einem Treffpunkt für regimekritische Abwehroffiziere wurde, dort verkehrte auch Dr. Gutmann, Krazers Münchner Anwaltspartner. Wrede war darüber hinaus ein Freund von Oberst Hansen. Nach dessen Verhaftung im Juli 1944 wurde er ebenfalls festgenommen – vermutlich weil bei Hansen auch Belastungsmaterial gegen ihn gefunden wurde. Lange Zeit hielt sich die Befürchtung, dass er im Dezember von SD-Offizieren in der Nähe des Berliner Gefängnisses Lehrter Straße ermordet worden sei.[32] Tatsächlich wurde Wrede aus der Gestapo-Haft entlassen, geriet aber nach Kriegsende in sowjetische Haft, aus der er erst 1955 freikam.[33]

Beredtes Schweigen

Wichmanns Zurückhaltung in Bezug auf seine Kontakte mit dem Widerstand wird nur noch gesteigert von seiner Verschwiegenheit über die Spionageaktivitäten seiner Abwehrstelle gegen England. Am 6. Mai 1945, zwei Tage vor der deutschen Kapitulation, stellte Wichmann sich den britischen Truppen, durfte jedoch vorläufig noch auf freiem Fuß bleiben, bis er am 10. Mai offiziell als Kriegsgefangener in Haft genommen wurde. Im Gartenrestaurant Randel im Hamburger Vorort Poppenbüttel, wohin Anfang April Teile der Hamburger Abwehrstelle ausgelagert worden waren, hatte er zuvor tagelang Akten verbrennen lassen, damit sie nicht in die Hände der Briten fielen.

Nach ersten Verhören in Deutschland wurde Wichmann am 20. Juni nach England ausgeflogen und zwei Tage später in Camp 020 festgesetzt. Während seines ersten Verhörs dort – das MI-5-Protokoll stammt vom 21. Juni – äußerte er sich zwar bereitwillig über seinen Werdegang und gab auch Auskunft über das Abwehrpersonal in Hamburg, blieb aber sehr unbestimmt, was die Spionageaktivitäten gegen das Vereinigte Königreich betraf. Der Leiter des Verhörs, Lieutenant Findlay, kommentierte Wichmanns Aussagen entsprechend vorsichtig: »Er hat sich bisher bei dem, was er bereit war auszusagen, an die Wahrheit gehalten. Er weiß genau, dass fast alles, was er angesprochen hat, uns bereits bekannt oder leicht nachprüfbar ist. Aber er ist ein verschlagener Kunde, der uns nur in manchen Dingen entgegenkommt, um seine Spuren dann anderswo wieder zu verwischen.«[34]

In späteren Vernehmungen gab sich Wichmann etwas gesprächiger, aber nicht unbedingt wahrheitsliebender. Seine »ultimate story«, wie die Überschrift in seiner Personalakte am 29. Juli lautet, umfasst 45 Schreibmaschinenseiten. Ausführlich beschreibt er darin die Jahre zwischen den Kriegen, seine Ausbildung, seine beruflichen Stationen und seine Aufgaben in der Abwehrstelle Lindau, seiner ersten Position im militärischen Nachrichtendienst. Es folgen drei Seiten über seine Tätigkeit in Hamburg von 1936 bis 1939, knapp die Hälfte davon betreffen auch England. Sie beschränken sich allerdings auf die Beschreibung einiger erfolgloser Versuche, nützliche Informanten zu finden, die er selbst als enttäuschend bezeichnet: »Ihm ist nur bekannt, dass Dierks vom Marinereferat über eine Engländerin als Informantin verfügte. Über die Aktivitäten des Luftreferatleiters Ritter weiß er auch nichts Genaues, nur dass dieser mit einer Zeitungsanzeige einen Agenten, der manchmal als ›der Kleine‹ bezeichnet wurde, angeworben hatte, der über die Flugzeugindustrie berichtete. Außerdem verfügte Ritter wohl über einen Engländer, der ›Dick‹ genannt wurde und

1940 auf dem Weg nach Portugal ein paar Tage in Hamburg verbrachte. Von ›Dick‹ hörte man nie wieder, obwohl er Kontakt mit Ritter hätte aufnehmen sollen.«[35] Abschließend stellt Wichmann zur Vorkriegsspionage seiner Abwehrstelle fest, dass auch »Admiral Canaris sich 1939 sehr unzufrieden mit der Leistung zeigte, die Hamburg bisher gebracht hatte, und das galt nicht nur für das Marinereferat I M, sondern für die gesamte Abteilung I«.[36]

Auf 17 weiteren Seiten listet Wichmann anschließend Abwehrmitarbeiter in Hamburg, Berlin, Stuttgart und in Frankreich von 1934 bis 1945 auf, und auf den folgenden zwei Seiten sind die Spione aufgeführt, die während der Kriegsjahre von Hamburg kontrolliert wurden – »soweit Wichmann in der Lage ist, sich noch an sie zu erinnern«.[37] Diese Liste umfasst 32 Namen, doch nur drei von ihnen bezeichnen Spione, die gegen Großbritannien eingesetzt wurden: »Drücke«, »Richter« und ein »Kessler« oder »Keller«.[38] Von diesen drei wusste Wichmann bereits seit längerem, wie er einräumt, dass sie sich in britischem Gewahrsam befanden.

Direkt befragt, was er mit seiner Abwehrstelle im Herbst 1940 gegen England unternommen habe, stellt er sich unwissend und gibt nur wenig preis: Es habe damals viele Lufteinsätze gegeben und wahrscheinlich sei ihr Zweck gewesen, Spione mit Fallschirmen über England abzusetzen, die ihre Beobachtungen per Funk über Hamburg nach Berlin übermitteln sollten. Doch da all diese Einsätze von einem Sonderkommando in Brüssel gesteuert wurden, habe er, Wichmann, keine Ahnung, wie viele es waren oder wie sie im Einzelnen abliefen. Er glaube sich nur zu erinnern, dass Hamburg drei Agenten für diese Einsätze bereitgestellt habe. Von diesen seien wohl zwei getötet oder gefangen genommen worden, denn von ihnen habe man nie wieder etwas gehört. Nur mit einem dieser Männer habe es Funkkontakt gegeben, von ihm kenne er jedoch nur die Nummer, unter der er als Spion geführt worden sei: »3249«. Dieser Mann sei nämlich bis 1944 von der Berliner Zentrale geführt worden, wenn auch seine Funkmeldungen über Hamburg liefen. Vielleicht könne Major Trautmann oder auch Major Boeckel, der 1943 von Berlin nach Hamburg kam, dazu mehr berichten.

Bei diesem Mann, von dem Wichmann vorgab, so gut wie nichts zu wissen und dem er auch statt seiner richtigen Nummer »3725« eine falsche Nummer zuordnete, handelte es sich um Wulf Schmidt, der als Doppelagent TATE bis Anfang Mai 1945 mit Hamburg in regem Funkverkehr stand. Mit seiner behaupteten Unkenntnis und Nichtzuständigkeit, was den Einsatz der Fallschirmspione betraf, gelang es Wichmann offenbar, weiteren Fragen zu diesem Thema auszuweichen.

Noch geschickter zeigte er sich bei der Blockierung von Fragen nach den Spionen, die über die See an die Küsten Großbritanniens kamen, indem er sich einer unverblümten Lüge bediente: Was die Aktivitäten des Marinereferates betreffe, so sei alles über Dierks gelaufen, sagte Wichmann aus. Dierks habe Spione in England, Irland, Frankreich und in der Schweiz kontrolliert, doch er, Wichmann, kenne nicht einen ihrer Namen. Er habe nur die Berichte von Dierks erhalten, in denen die Spione mit ihren Nummern bezeichnet, aber nie mit Namen kenntlich gemacht worden waren. Dierks sei nämlich ein Individualist gewesen, und deshalb habe er ihn mit einem Minimum an Einmischung arbeiten lassen.

Allerdings sei dieser Hilmar Dierks, so fährt Wichmann fort, bedauerlicherweise Anfang September 1941 bei einem Autounfall ums Leben gekommen. Tatsächlich verunglückte Dierks, der zudem nie eine Führungsfunktion im Referat I M innehatte, schon ein Jahr früher tödlich, nämlich am 2. September 1940. Belegt ist Dierks' wahres Todesdatum einmal durch die beiden Todesanzeigen, die Dr. Dischler, inzwischen Leiter der Abwehrstelle Brüssel, und Wichmann selbst in die Hamburger Zeitung setzen ließen. Zum anderen sind die Todesbescheinigung des Feldlazaretts und die Sterbeurkunde erhalten, die sich noch heute im Besitz der Familie Dierks' befinden.[39]

Mit dieser bewussten Falschinformation, der Übertragung der alleinigen Verantwortung an einen Mitarbeiter, der zum Zeitpunkt der »Hummer«-Einsätze schon gar nicht mehr lebte und natürlich auch nicht mehr befragt werden konnte, erreichte Wichmann sein Ziel: Kein MI-5-Offizier stellte ihm weitere Fragen zu den Spionen des Marinereferats.

In jenem Herbst 1940, so fährt Wichmann in seiner Aussage fort, sei er selbst zudem anderweitig stark beschäftigt gewesen. Er habe nämlich den Einsatz der Abwehr bei der bevorstehenden Invasion und zusätzlich den Aufbau einer neuen Abwehrstelle in London nach der erfolgreichen Invasion planen müssen. Am 8. oder 9. September habe er deshalb befehlsgemäß Hamburg verlassen, um nach St. Germain bei Paris zu reisen und sich bei der dort stationierten Heeresgruppe Rundstedt zu melden. Einige Tage später habe eine Konferenz stattgefunden, auf der Oberst Oster bekannt gegeben habe, dass die Invasion Englands unmittelbar bevorstehe und dass die nötigen Vorbereitungen schnellstens abgeschlossen werden müssten. Für die zukünftige Londoner Abwehrstelle seien damals er, Wichmann, als Leiter, Pheiffer als Leiter I, Ritter als Leiter I Luft, Wettstein als Leiter I Marine, Praetorius als Leiter I Wirtschaft, Trautmann als Leiter I i (Funkstelle) und Liebenschütz als Leiter III (Spionageabwehr) vorgesehen worden. Allerdings sei damals von Canaris kein Nachfolger für die Leitung der Hamburger Abwehrstelle bestimmt worden, eine Entscheidung, in der Wichmann, wie er andeutete, Canaris' Vorausschau vermutete, dass es nicht zu einer Eroberung Großbritanniens kommen werde.[40]

Am 25./26. September habe dann schließlich ein Planspiel mit dem Ergebnis stattgefunden, dass weder Luftwaffe noch Marine den notwendigen Schutz der Invasionstruppen garantieren könnten. Wichmann weist in diesem Zusammenhang darauf hin, dass Oberst Piekenbrock, der Chef von Abwehr I, dem Invasionsplan von Anfang an skeptisch gegenübergestanden habe. Auch er selbst habe die vorgesehenen Lastkähne zum Übersetzen als völlig unbrauchbar eingeschätzt, dazu sollten sie noch mit ganz und gar ungeeigneten Mannschaften besetzt werden: »Offensichtlich war die Marine nicht vorschriftsgemäß in die Vorbereitung einbezogen worden, so dass es zu dieser unausgegorenen Planung gekommen war, die dann im letzten Moment aufgegeben werden musste.«[41]

Für MI 5 waren Wichmanns Aussagen sehr unergiebig, schon nach den ersten Verhören lautete der Kommentar: »Wichmann schien zwar willens, alle Informationen, die er besitzt, herauszugeben, aber der Grad seiner Verlässlichkeit scheint durch sein schlechtes Gedächtnis beeinträchtigt. Es ist schwer zu entscheiden, ob er das ausnutzt, deshalb sollten alle Informationen, die nicht geprüft werden können, mit Vorsicht behandelt werden.«[42]

Nach Ende der Vernehmungen Wichmanns konnte auch der verantwortliche MI-5-Offizier seine Verärgerung nicht mehr verbergen: »Dieser Mann, der über einen Monat verhört wurde, hat sich als herbe Enttäuschung erwiesen, was Informationen angeht, vor allem was die Aktivitäten von Ast Hamburg gegen das Vereinigte Königreich in den ersten Kriegsjahren und die Zeit unmittelbar vor Kriegsbeginn betrifft. Wichmann hat – oder es scheint ihm vorteilhaft vorzugeben, er habe – ein sehr schlechtes Gedächtnis. Er gibt ein äußerst schwaches Bild ab für jemanden, der seit 1936 für die so aktive und unternehmerische Ast Hamburg gearbeitet hat, der 1937 Leiter von I M, 1939 Leiter der Gruppe I und im Mai 1940 sogar Leiter der gesamten Abwehrstelle wurde.«[43] Bei diesem Kommentar fällt auf, dass Wichmann offenbar auch über seine Funktionen in Hamburg nicht die Wahrheit sagte: Tatsächlich leitete er die Gruppe I schon seit dem Frühjahr 1937 und die Leitung der Abwehrstelle übernahm er bereits Ende 1939.

In seinen Erinnerungen, die er 1981 niederschrieb, verschweigt Wichmann ebenfalls, was die Hamburger Spionageaktivitäten gegen England betrifft, weitaus mehr als er offenbart. Von den 139 mit Schreibmaschine verfassten Seiten seines Manuskripts widmet er sich auf fünf Seiten den Vorkriegsaktivitäten Hamburgs gegen England, als er nur das Marinereferat leitete. Davon entfallen jedoch allein drei Seiten auf eine Anekdote über Notizen, die in einem Papierkorb gefunden und an die falsche Adresse übermittelt wurden, weil nicht immer auf ausreichend getarnte Deckadressen Wert gelegt wurde. Anschließend stellt Wichmann knapp fest: »England als Neuland war schwierig. Daß die Insellage das größte Hindernis für einen neu aufzuziehenden Nachrichtendienst war, wird jedem einleuchten. Wenn bis zum Kriegsausbruch keine allzu großen Ergebnisse erzielt wurden, so ist das völlig verständlich. Um einen erfolgreichen Dienst aufzuziehen, bedarf es nicht nur erstklassig ausgebildeter Führungsoffiziere, sondern Zeit und nochmals Zeit, ich möchte sagen Jahre, wenn nicht einer Generation.«[44]

Während er anschließend auf immerhin sechs Seiten den Angriff auf Dänemark und Norwegen, das Unternehmen »Weserübung«, beschreibt und dazu das Dankschreiben eines Luftwaffenoffiziers für die Unterstützung durch die Hamburger Abwehrstelle bei dieser Aktion zitiert, beschränkt Wichmann sich in seinem Kapitel 10 mit der Überschrift »Vorbereitung für den ›Seelöwen‹« auf den Berliner Befehl, den Aufbau der neuen Abwehrstelle in London vorzubereiten. Außerdem schildert er recht ausführlich, wie schon gegenüber MI 5, das Sandkastenmanöver in Frankreich, bei dem der »Seelöwe« durchgespielt werden sollte: »Alle Chefs, Ia, Ic usw. der vorgesehenen Invasionsarmeen waren geladen, dazu auch der Leiter der Ast Paris, Oberst Rudolph, und ich als vorgesehener Leiter der Abwehrstelle London. Natürlich waren auch das OKW und die drei Wehrmachtsteile durch entsprechende Vertreter anwesend. Das Kriegsspiel dauerte einen ganzen Tag. Die Leitung hatte General v. Sodenstern, der Chef des Stabes der Heeresgruppe Rundstedt. Am späten Nachmittag war es dann, als General v. Sodenstern dem Vertreter der Seekriegsleitung, Kapitän z. See Ascher, die Frage stellte, ob denn die Kriegsmarine in der Lage sei, die ersten Wellen der Invasionstruppen gegen etwa einbrechende englische Zerstörerflotten zu schützen. Die Antwort von Kapitän z. See Ascher war kurz und klar: ›Nein!‹«[45]

Die Decknamen »Lena« oder »Hummer Süd« und »Hummer Nord« erwähnt Wichmann auch in seinen Erinnerungen mit keinem Wort. In seinem Kapitel 13: »Pannen und anderes« kommt er zwar noch einmal auf England zurück, doch nur in der Absicht, zwei Buchautoren[46] zu widerlegen. Wichmann wirft diesen Autoren, die unter anderem den Einsatz Vera von Schalburgs und ihrer Gefährten kritisierten, vor, »teils sachlich und auch historisch unrichtig zu sein«[47] und nur daran ein Interesse zu haben, den deutschen Nachrichtendienst in ein schlechtes Licht zu rücken. Nur deshalb nimmt Wichmann, was auf den ersten Blick erstaunen könnte, ausführlich zu Vera von Schalburgs misslungener Mission Stellung: »Ich will nun auf einen Fall eingehen, den ich auch mit einem der führenden Offiziere von MI 5 (Military Intelligence Abteilung 5) während meiner Gefangenschaft in London besprochen habe.«[48]

Mit dieser Erwähnung von Vera von Schalburg und dem Scheitern des ersten »Hummer Nord«-Kommandos verrät Wichmann allerdings kein nachrichtendienstliches Geheimnis. Denn das Versagen dieses Trios war weder in Großbritannien noch in Deutschland geheim geblieben, weil schon kurz nach der Verhaftung der Spione eine schottische Lokalzeitung mit fetter Schlagzeile verkündet hatte: »German Spies land in Banffshire«.[49]

So konnte Wichmann sich freimütig über diesen Fehlschlag auslassen. Das Scheitern der drei führt er ausschließlich auf ihren eigenen schwerwiegenden Fehler zurück: Nach der geglückten Landung, so schreibt er, »passierte etwas, was strikt gegen die ihnen erteilten Anweisungen verstieß. Wir hatten ihnen extra gesagt, sie sollten möglichst die Ortschaft erst betreten, wenn voller Tag war und entsprechender Verkehr herrschte. Hieran haben sie sich nicht gehalten, sondern gingen sehr früh am Morgen zum Bahnhof und studierten die Fahrpläne nach Edinburg bzw. London. Bereits hierbei sind sie dem Stationsvorsteher aufgefallen, der dann unbemerkt die Polizei verständigte. Kurz darauf erfolgte die Verhaftung. Ein in diesem Anfangsstadium vermeidbarer Fehler wirkte sich unheilvoll aus. Nur die Gräfin überlebte den Einsatz, während beide V-Leute den harten Gesetzen und damit dem Tod verfielen.«[50] Da allerdings in den Protokollen, die MI 5 von Wichmanns Vernehmungen anfertigte, von einer derartigen Unterredung nichts zu finden ist, darf bezweifelt werden, dass Wichmann jemals mit einem MI-5-Offizier dieses Gespräch führte. Eher ist zu vermuten, dass er die Unterredung für seine Memoiren erfand, um zwar zum ohnehin bekannten gescheiterten Einsatz Stellung zu beziehen, aber die Hintergründe weiterhin zu verschleiern.

Der einzige weitere Spion, den Wichmann in seinen Erinnerungen erwähnt – allerdings nur sehr kurz und ausdrücklich mit der falschen Behauptung, dass er kein Spion Hamburgs gewesen sei – ist Gösta Caroli, der erste der Fallschirmspringer, der in England landete. Er sei in englische Gefangenschaft geraten und habe nach dem Krieg in Schweden ein »unglückliches Leben« geführt. Er, Wichmann, habe noch versucht, ihn finanziell zu unterstützen, »aber nach den deutschen Bestimmungen war dieses einfach unmöglich«.[51] Diese letztere Einlassung Wichmanns könnte stimmen, denn das »unglückliche Leben« Carolis war die Folge seiner Zusammenarbeit mit den Deutschen, was ihm in seinem Heimatland Schweden nach dem Krieg den Vorwurf der Kollaboration eintrug. Es passt zu Wichmann, dass er diesen Mann, der in eine Abwehraktion eingespannt wurde, deren Fehlschlag in Hamburg vorausgesehen wurde, entschädigen wollte.

Unwahr ist dagegen Wichmanns Behauptung, dass Caroli kein Spion Hamburgs gewesen sei. Denn der Schwede war bereits 1938 vom Hamburger Wirtschaftsreferat angeworben und schon vor dem Krieg zweimal nach England entsandt worden, um Wirtschaftsinformationen zu sammeln. Im August 1940 wurde er schließlich von Boeckel im Hamburger Luftreferat auf seinen Fallschirmabsprung vorbereitet.[52] Wäre Caroli kein Spion Hamburgs gewesen, hätte Wichmann wohl auch kaum eine Verpflichtung ihm gegenüber empfunden.

Nach dieser sparsamen Schilderung der Spionageaktivitäten Hamburgs zieht Wichmann in seinen Erinnerungen ein verblüffendes Fazit: »Das einzig Positive für mich bei diesen Unterhaltungen mit dem englischen Major von MI 5 war, dass er mir offen und ehrlich sagte, dass alle Agenten, die man gefasst hätte und die von Hamburg eingesetzt waren, die bei weitem am besten ausgebildeten waren.«[53]

Diese Feststellung Wichmanns verblüfft nicht nur, weil in den MI-5-Protokollen nichts von diesem Lob auftaucht, sondern weil sie sich so gar nicht mit den Kommentaren der britischen Spionageabwehr deckt. So hatte Liddell, ihr Direktor, wie bereits beschrieben, schon am 6. September 1940 die ersten »Hummer Süd«-Spione überaus negativ beurteilt: »Sie waren ungewöhnlich schlecht angeleitet«.[54] Und mit geradezu vernichtenden Worten fasste er im Februar 1942 seine Beurteilung der deutschen Spionageversuche gegen England in den vorangegangenen beiden Jahren zusammen: »Das ganze Unternehmen scheint völlig übereilt und extrem schlecht vorbereitet gewesen zu sein. Auf Einzelheiten wurde kein Wert gelegt, und fast alle Beteiligten müssen geahnt haben, dass ein Scheitern zu erwarten war.«[55]

Auch Wichmanns engste Mitarbeiter äußerten sich während ihrer Gefangenschaft eher knapp, wenn überhaupt, über die Hamburger Spionage gegen England – obwohl Wichmann, wie er in einer seiner Vernehmungen versicherte, seinen Mitarbeitern ausdrücklich die Empfehlung gegeben habe, im Fall ihrer Festnahme in ihrem eigenen Interesse ganz offen und wahrheitsgemäß auf alle Fragen zu antworten, um ihre Lage als Kriegsgefangene zu erleichtern.

So erwähnte Wichmanns Freund Pheiffer während seiner Verhöre durch MI 5 im Oktober 1945 die Operation »Lena« ebenfalls mit keinem Wort. Nur kurz ging er auch auf seine Versuche ein, in den ersten Monaten nach Kriegsbeginn Informanten in den noch neutralen Staaten Holland, Dänemark und Norwegen zu verpflichten, die Einzelheiten über Schiffsbewegungen und die verminten Gewässer in der Kanalenge und entlang der Küsten in Erfahrung bringen sollten. »Aber ich kann mich nicht erinnern«, fasste er zusammen, »was für Leute damals rekrutiert wurden, zweifellos waren es einige, aber was sie uns brachten, war nicht sehr erhellend.«[56]

Ausführlich schilderte Pheiffer dagegen seine Teilnahme am Westfeldzug als Kommandeur eines Marineeinsatzkommandos, das die deutschen Truppen bis Brest begleitete. Ebenso bereitwillig beschrieb er den anschließenden Aufbau einer Abwehrstelle in Brest im Juni 1940, deren Leiter er wurde. Mit diesem deutlichen Hinweis, dass er ab Sommer 1940 gar nicht mehr in Deutschland stationiert war, vermied Pheiffer jede Frage nach seinem Wissen über oder gar nach seiner Beteiligung an der Entsendung der »Lena«-Spione. Sehr umfassend äußerte er sich andererseits über seinen Aufenthalt in St. Germain im September 1940, als er zusammen mit Wichmann die Abwehreinsatzplanungen für »Seelöwe« auszuarbeiten hatte, und über die Wochen danach: »Wir warteten auf den Start des ›Seelöwen‹ bis zum 10. oder 11. Oktober in Paris, danach zeichnete sich ab, dass die Invasionsidee fallen gelassen wurde, weil die Deutschen eben nichts von amphibischer Kriegführung verstehen.«[57] Nach seiner Rückkehr nach Brest sei er sehr erleichtert über die Entscheidung gewesen, »Seelöwe« nicht durchzuführen, bekannte Pheiffer, denn »es war eine aberwitzige Flotte, die sich für die Überfahrt nach England versammelt hatte. Offenbar war sie von den Bürohengsten in der Marine zusammengestellt worden. Die Schiffe verfügten über so wenig Freibord, dass sie schon in einem Mühlteich gekentert wären.«[58]

Praetorius, der Hamburger I Wi-Leiter, gab ebenfalls vor, zu denjenigen zu gehören, die so gut wie nichts über die Spionageeinsätze wussten, außer dass es etwa sechs bis acht gewesen sein könnten. Er behauptete, nur beiläufig von dem Spion »Jakobsen« und einem weiteren gehört zu haben, der bis zum Mai 1945 funkte. Er bestritt auch, »Gösta« gekannt zu haben, obwohl dieser von seinem Wirtschaftsreferat angeworben worden war. Er gab nur zu, von einem schwedischen Pfarrerssohn mit diesem Namen gehört zu haben, der mit dem Fallschirm über England absprang. Von einer Gruppe mit der Frau »Vera von Wedel«, die in Schottland gefangen genommen wurde, habe er erst Jahre später erfahren. Um seine Unkenntnis glaubhaft erscheinen zu lassen, behauptete er sogar, dass England nach dem »Blitzkrieg« im Westen für die Abwehrstelle Hamburg sowieso keinerlei Bedeutung mehr gehabt habe, da in den besetzten westeuropäischen Ländern eigene Außenstellen der Abwehr eingerichtet wurden, die unabhängig von Hamburg agierten. Für Hamburg sei damals nur noch die Iberische Halbinsel als »ertragreicher Spielplatz«[59] verblieben.

Diesem Schweigekartell schloss sich auch Krazer an, der von amerikanischen Geheimdienstoffizieren vernommen wurde. Allein vom Hörensagen, so teilte er ihnen mit, habe er erfahren, dass die deutschen Spione »regelmäßig versagten, einige liefen zu den Alliierten über, von den anderen hörte man nie wieder.« Trotz seiner Unkenntnis habe er sich aber immerhin ein Urteil über sie gebildet, das er den Amerikanern nicht vorenthalten wolle: »Die meisten waren keine Patrioten, manche von ihnen wollten nur einen einfachen Job oder vermeiden, an die Front geschickt zu werden.«[60]

Nur wenige Einzelheiten seien ihm über Spionageaktivitäten gegen England bekannt, behauptete Krazer, denn es habe sich um Aktivitäten der Referate I M (Marine) und I L (Luft) gehandelt, während er immer nur für Heeresangelegenheiten zuständig gewesen sei: »Im Sommer 1940 hatte I M eine Flotte aus fünf bis sieben Fischerbooten in Le Touquet zusammengestellt, die Besatzungen waren Belgier, Franzosen und auch einige Russen. Da gab es einen Fall im August, als drei oder vier Spione mit einem dieser Boote Le Touquet verließen und gegen 5 Uhr morgens bei Dungeness Point landeten. Einer oder zwei wurden sogleich verhaftet, von einem kam die Funknachricht, dass sie angekommen seien, und einer meldete, dass er in Schwierigkeiten stecke. Von ihm hörte man nie wieder. Außerdem wurden von der Luftstaffel Gartenfeld mit Spezialflugzeugen Fallschirmspringer über feindlichem Gebiet abgesetzt. Einer von ihnen, wahrscheinlich von I L und mit einem großen Funkgerät ausgerüstet, dessen Einsatz bei Liverpool vorgesehen war, wurde versehentlich etwa 200 km südöstlich von seinem Ziel abgesetzt und musste sehen, wie er weiterkam.«[61] Seine eigenen Aufgaben als Abwehroffizier beschrieb Krazer als reine Bürotätigkeit: »Er habe sich auf die Auswertung der Berichte beschränkt und die Führung der Spione seinen Untergebenen überlassen, die sie aus Gefängnissen, aus Kriegsgefangenenlagern, aus dem Regiment ›Brandenburg‹ und den Pro-Nazi-Gebieten in den besetzten Ländern rekrutierten.«[62]

Der amerikanische Geheimdienst leitete Krazers Verhörprotokolle an MI 5 mit dem Kommentar weiter: »Er bemühte sich sehr, verlässliche Informationen zu geben, aber sein Gedächtnis hat offenbar durch den Schock über den Zusammenbruch Deutschlands und seine anschließende Flucht nach Bayern gelitten. Es scheint zweifelhaft, dass er uns irgendetwas von Bedeutung über die Abwehrstelle Brüssel mitteilen kann, was wir nicht schon wissen. Alles deutet daraufhin, dass Krazer ein bemerkenswert inkompetenter Offizier war und nur sehr wenig leistete.«[63]

Kapitel VI

Das »Lena«-Komplott

1980 behauptete der ehemalige britische Geheimdienstoffizier David Mure, im Amt Ausland/Abwehr müsse es Komplizen des britischen Geheimdienstes MI 5 bei deren Doppelspiel mit den »umgedrehten« deutschen Spionen gegeben haben.[1] Mure gehörte in den Jahren 1941 bis 1944 der »A Force« an, einer britischen Spezialeinheit für Täuschungsmanöver im Nahen Osten, und setzte in Kairo ebenfalls deutsche Spione als Doppelagenten ein.

Mit dieser These, die »wenig oder überhaupt keinen Eindruck in akademischen Kreisen machte und von Wissenschaftlern praktisch ignoriert wurde«,[2] setzte sich bisher als Einziger der kanadische Historiker John P. Campbell auseinander. Er kann geheime Kontakte zwischen den Alliierten und der Abwehr bestätigen, aber wie weit »unsere Freunde in der Abwehr« zu gehen bereit waren, darüber wagt er keine Aussage. Wie sich in der Truppe nur eine geringe Zahl von Offizieren zu Anschlägen auf Hitler und seine Getreuen bereit fand, so spricht Campbell auch den meisten Angehörigen der Abwehr den Willen zur Tat ab: »Ihre Mehrheit gab sich offenkundig damit zufrieden, Gegnerschaft oder nur lauwarme Sympathien zum Regime mit Loyalität zum schillernden Admiral Wilhelm Canaris und der Bereitschaft, ihre Pflichten auf nicht-politischer Grundlage zu erfüllen, zu verbinden.«[3]

Dennoch will Campbell Mures These nicht völlig in den Bereich der Fantasie verweisen: »Vielleicht hat er doch ein Recht auf mehr Gehör.«[4] Zwar seien sich MI 5 und auch Historiker einig in der Einschätzung, dass das Versagen der Abwehr bei ihren Spionageaktionen gegen Großbritannien vor allem auf Dummheit und Nachlässigkeit seitens der Deutschen zurückzuführen sei, aber einige Aspekte blieben doch weiterhin »auf geheimnisvolle Weise unerklärlich«,[5] räumt er ein.

Als nur ein Beispiel unter anderen für diese »geheimnisvolle Unerklärlichkeit« führt Campbell an, dass der Doppelspion

Schmidt/TATE fünf Jahre lang den Funkkontakt mit Deutschland aufrechterhalten konnte, ohne dass bei der Abwehr ernsthafte Zweifel auftauchten, ob dieser regelmäßige Funkverkehr auf der dicht besiedelten Insel, deren Einwohner seit Kriegsbeginn jeden Fremden höchst genau und misstrauisch beobachteten, überhaupt möglich sein konnte.

Gerade auf diese »geheimnisvolle Unerklärlichkeit« wies Krazer am 26. Februar 1946 während eines Verhörs die amerikanischen Geheimdienstoffiziere hin: Damals machte er deutlich, dass deutsche Spione in England nach 1940 nur noch in der Lage waren, ihre Informationen auf dem Postweg über Spanien oder Portugal nach Deutschland weiterzuleiten, weil »es in zivilisierten Ländern unmöglich sei, mit Funkmeldungen über längere Zeit unentdeckt zu bleiben«.[6] Dieser Hinweis blieb – soweit es zumindest den freigegebenen Dokumenten zu entnehmen ist – von den amerikanischen wie auch den britischen Geheimdienstoffizieren unbeachtet, ebenso wenig Aufmerksamkeit schenkten ihm bisher Historiker.

Doch trotz einiger Ungereimtheiten will Campbell Mures Theorie über eine Zusammenarbeit zwischen Abwehr und britischem Geheimdienst im Fall der Invasionsspione nicht folgen: Denn Mure versäume zu erklären, »wie ein solches Komplott funktioniert haben könnte, wieviel Manipulation und Einbehalten von Informationen notwendig gewesen wäre oder wie viele Spione die Abwehr den Kanal überqueren ließ in der Absicht, dass sie gefasst würden«.[7]

Anhand der Verhörprotokolle der festgenommenen Abwehroffiziere lässt sich allerdings nachzeichnen, wie das Komplott funktionieren konnte: Es genügten einige zum Widerstand entschlossene Männer mit Ideen und Risikobereitschaft und dazu dem unerlässlichen Quäntchen Glück. Trickreich nutzten sie die sich bietende Gelegenheit, mit den ihnen zur Verfügung stehenden Mitteln die Umsetzung von Hitlers Invasionsplan zu vereiteln.

Zwar hatte Hitler 1937 sein absolutes Spionageverbot gegen das Vereinigte Königreich aufgehoben, aber anschließend keinen Befehl erlassen, das Inselreich verstärkt ins Visier zu nehmen. War er damals doch noch der Überzeugung, mit der britischen Regierung ein Arrangement treffen zu können. Deshalb sah die Hamburger

Abwehr in den folgenden drei Jahren keinen Anlass zu besonderen Anstrengungen, sich Informationen über Großbritannien zu beschaffen. Es genügten die eher allgemein gefassten Berichte, die Geschäfts- und Seeleute von ihren Reisen durch England lieferten. Die einzige Ausnahme einer – allerdings bescheidenen Spionageaktivität – bildete Arthur Owens, der spätere Doppelspion SNOW, dessen Nachrichten jedoch nur von seinem Kontrolleur Nikolaus Ritter hoch bewertet wurden. So fehlten im Sommer 1940, als Hitler das Kommando zum Start des »Seelöwen« gab, der deutschen Wehrmacht fast alle nötigen Kenntnisse über die britische Verteidigungsbereitschaft – und diesen Zustand beizubehalten, war die Absicht Wichmanns und seiner Gefährten.

Dabei ist nicht auszuschließen, dass die Widerstandsgruppe einer informationspolitischen Linie folgte, die vermutlich von Canaris selbst vorgezeichnet, zumindest jedoch nicht behindert wurde. Denn im Unterschied zu anderen Operationen des Amtes Ausland/Abwehr habe Canaris bei »Seelöwe« auf Effizienz kaum Wert gelegt, eröffnete der ehemalige Oberstleutnant Ulrich Liss, der bis zum Frühjahr 1943 die Generalstabsabteilung Fremde Heere West leitete, nach dem Krieg dem britischen Journalisten Anthony Cave Brown: »Nach außen hin tat er zwar so, als gäbe er sich alle Mühe, aber er ging nicht mit voller Überzeugung gegen England vor. Wir bekamen nie die Nachrichten, die wir brauchten, um die Stärke der Briten und ihren Aufmarsch richtig einzuschätzen.«[8]

Der Gruppe von Wichmann gelang leicht das »Einbehalten« von möglicherweise verräterischen Informationen, denn alle Funksprüche ihrer nach England entsandten Spione liefen in der Hamburger Funkstelle ein, die unter der Leitung von Wichmanns Vertrautem Trautmann stand. Auch waren die unter Umständen notwendigen »Manipulationen« von Meldungen, die zum Beispiel die Küstenverteidigung oder die Truppenstärken in England betrafen, fast risikolos, denn eine deutsche Luftaufklärung, die Gegenbeweise hätte erbringen können, fand im Sommer 1940 wegen der erstarkten Royal Air Force kaum noch statt.

Buchstabengetreu setzte die Hamburger Abwehr zwar Hitlers Befehl um, eine beträchtliche Zahl Spione auf die Britischen Inseln zu entsenden, doch alle wurden auf Erfolglosigkeit programmiert. Und auch das für Campbell »auf geheimnisvolle Weise Unerklärliche« erweist sich als erklärbar: Die ab und zu auftauchenden Zweifel an der Glaubhaftigkeit der jahrelang unentdeckten Funkaktivität des Doppelspions Schmidt konnten von den Eingeweihten zerstreut werden.

Die »Hummer-Spezialaktion«

Der bayerische Abwehrmajor Krazer leistete seine »reine« Bürotätigkeit, wie er den amerikanischen Geheimdienstoffizieren mitteilte, von Mitte Mai 1940 an ausschließlich im Brüsseler Heeresreferat. Mit dieser Aussage wollte er klarstellen, dass er über die Invasionsspione aus Hamburg gar nichts wissen konnte. Nicht mit einem Wort erwähnte er jedoch, dass es sich bei der Abwehrstelle Brüssel ab Spätsommer 1940 um einen Schlüsselplatz der Operation »Lena« handelte, wie Wichmann seinerseits zu seiner Entlastung während seines Verhörs am 29. Juli 1945 darlegte: »Da all diese Einsätze von einem Einsatzkommando in Brüssel gesteuert worden waren, habe er, Wichmann, keine Ahnung, wie viele es waren oder wie sie im Einzelnen abliefen.«[9]

Tatsächlich kooperierten die Abwehrstellen Hamburg und Brüssel in den Jahren 1940 und 1941 eng miteinander. Im Frühsommer 1940, nach der erfolgreichen Westoffensive, waren in Frankreich und in den besetzten Benelux-Staaten mehrere Abwehraußenstellen eingerichtet und mit zahlreichen Hamburger und Bremer Offizieren der Abteilung I besetzt worden. Offiziell sollten sie auch von dort ihrer Hauptaufgabe, der »Ausforschung der westlichen Hemisphäre«, nachgehen.

Zur Abwehrstelle Brüssel, der die Nebenstellen Antwerpen und Gent untergeordnet waren, wurden zwei Hamburger und vier Bremer Offiziere entsandt: Die Leitung übernahm Hauptmann Dr. Dischler, Major Dr. Schütze, ein Hamburger Kaufmann und guter Bekannter von Wichmann, stand dem Luftreferat I L vor, unter ihm arbeitete der Bremer Major Wenzlau. Aus Bremen kamen auch Korvettenkapitän Ludwig Klaps sowie die Kapitänleutnants Bendixen und Gruhn für das Marinereferat I M.

Leiter der Abteilung I in Brüssel wurde allerdings weder ein Hamburger noch ein Bremer Abwehroffizier, sondern der Major Walter Albert Lothar Sensburg.[10] Wie Krazer wuchs er in München auf, und beide waren seit ihren gemeinsamen Jahren im »Bayerischen Heimatschutz« enge Freunde, nicht zuletzt fest verbunden durch ihre Ablehnung des Nazi-Regimes. Sensburg war nach seinem Gymnasialabschluss Berufssoldat geworden und hatte am Ersten Weltkrieg als Infanterieoffizier teilgenommen. In den 1920er-Jahren hatte er versucht, in der Filmindustrie Fuß zu fassen. Da die von ihm produzierten Dokumentarfilme keinen finanziellen Erfolg brachten, kehrte er 1934 zur Wehrmacht zurück und stieß zur Abwehr. Zuerst wurde er in der Abwehrstelle Kassel, ab 1936 in Wiesbaden und Anfang 1940 für wenige Monate in Bad Kreuznach eingesetzt. Am 20. Mai 1940 schließlich wurde er zur neuen Brüsseler Abwehrstelle kommandiert.

Sensburgs Übernahme der Abteilungsleitung in Brüssel kann kein Zufall gewesen sein. Sie deutet auf eine bisher nicht offensichtliche Verbindung zwischen den Abwehrstellen Hamburg und Wiesbaden hin, die beide – mit Herbert Wichmann und Otto Armster – von Regimegegnern geleitet wurden. In Brüssel sorgte Sensburg dafür, dass sein Freund Krazer die Zuständigkeit für das Heeresreferat I H erhielt. Dort unterstanden Krazer außer seinem langjährigen Freund Hauptmann Weber drei weitere ehemalige Wiesbadener Abwehroffiziere: Hauptmann Walter Koehler sowie die Sonderführer Dr. Schlipp und Werner Unversagt.

Im Herbst 1941 wurde Sensburg, weiterhin als Gruppenleiter I, zur neuen Abwehrstelle in Athen versetzt, deren Leitung Liedig übertragen wurde, dem Freund Osters und radikalen Nazi-Gegner. Krazer trat daraufhin Sensburgs Nachfolge als Gruppenleiter I in Brüssel an. Bedauerlicherweise wurde Sensburgs Akte im britischen Nationalarchiv vor der Freigabe so stark zensiert, dass sie kaum noch Informationen über seine Brüsseler Tätigkeit enthält.

Wie die Abwehrstelle in Brüssel wurden auch die neuen Abwehrstellen in Frankreich 1940 reichlich mit Hamburger und Bremer Offizieren besetzt: Kapitän zur See Liebenschütz, bisher in Hamburg Leiter der Gruppe III (Spionageabwehr), übernahm die gleiche Position in Paris. Die Abwehrstelle Paris, zuständig für das Gebiet Groß-Paris, handhabte als »Abwehrleitstelle (Alst)« gleichzeitig die fachliche Steuerung aller Abwehrstellen in Frankreich. Aus Hamburg wechselten außerdem der Leiter von I H, Major Lips, und Kapitänleutnant Fritz Jonetz nach Frankreich, Lips nach Hendaye, Jonetz ging zu I M nach Nantes. Pheiffer, der Leiter von Bremen, übernahm Brest. Mit ihm kamen aus Bremen Korvettenkapitän Walter Robert Schneidewind, Kapitän zur See Stobbe und Kapitänleutnant Behrend Heinrich Schuchmann sowie die Sonderführer André Alter und Friedrich Kaulen.

Pheiffer amtierte nicht nur als Leiter der Abwehrstelle Brest, sondern war auch Vorgesetzter mehrerer anderer Abwehrnebenstellen, die ab Sommer 1940 in den nordfranzösischen Hafenstädten entstanden, wie Le Havre, Boulogne und Le Touquet, wo die »Hummer«-Marinekommandos starteten. MI 5 gegenüber ließ Pheiffer von diesen Funktionen nichts durchblicken, um weiterhin als eher unbedeutender Abwehroffizier eingeschätzt zu werden, der kaum mit interessanten Informationen aufwarten konnte, schon gar nicht über den Einsatz von Spionen gegen England.

Außerdem verschwiegen er und Wichmann in allen Verhören, dass sie trotz der räumlichen Entfernung zwischen Hamburg und Frankreich ihre Zusammenarbeit auch nach dem Sommer 1940 ungebrochen eng fortsetzten: »Wichmann dirigierte Pheiffers Aktivitäten in der Stelle Brest seit ihrer Entstehung bis zu ihrer Auflösung. Auch noch 1941 war er mit der Kontrolle der Spionageaktivitäten gegen Großbritannien befasst, die von den Abwehrstellen in Frankreich ausgingen«,[11] ließ Liddell im Juli 1945, unmittelbar nach Wichmanns Ankunft in England, den Verhörleiter in Camp 020 wissen. Ausdrücklich wies er dabei auf die Vertraulichkeit dieser Information hin, die besondere Geheimhaltung erfordere und in keinem Fall Wichmann verraten werden dürfe, denn sie stamme von »most secret sources«. »Most secret sources« oder auch »Ultra« – Churchill vor allem zog es vor, von »most secret sources« zu sprechen – war die Tarnbezeichnung für die Informationen, die

die britische Regierung aus der Entzifferung des mit der »Enigma« maschinell verschlüsselten deutschen Funkverkehrs gewann.[12]

Von etwa Mitte Juli 1940 an setzten Wichmann und seine Vertrauten ihren ausgeklügelten Plan zur Sabotage des Unternehmens »Seelöwe« gekonnt in die Tat um. Im Einzelnen lässt sich folgendes Bild nachzeichnen: In Hamburg, in seinem Büro am Jungfernstieg, etwas entfernt und unbeobachtet vom Hauptsitz der Abwehrstelle an der Sophienterrasse, konnte Wichmanns Freund Dr. Harald Mandt die einleitenden Gespräche mit den potenziellen Spionen für den bevorstehenden Englandeinsatz führen. Die von ihm angelegten Auswahlkriterien verlangten, wie sich bei den »Lena«-Einsätzen herausstellen sollte, gerade nicht gute Sprach- oder Landeskenntnisse. Mandts Präferenzen galten eher Personen einfachen Gemüts, ohne Auslandserfahrungen, ohne besondere Intelligenz, aber mit Begeisterung für den Nationalsozialismus. Auch Mitglieder rechtsextremer Organisationen in Belgien, den Niederlanden, Norwegen oder Dänemark galten Mandt als gut geeignet – ebenso Kleinkriminelle, die unter Androhung einer Verhaftung durch die Gestapo zur Mitarbeit gezwungen werden konnten. Die von Mandt Ausgewählten wurden anschließend dem Marine- bzw. dem Luftreferat übergeben.

Josef Waldberg, der gescheiterte Spion von »Hummer Süd«, war von der Abwehrstelle Wiesbaden ausgewählt und über Hamburg nach Brüssel geliefert worden – vielleicht von einem Wiesbadener Offizier, der selbst Nazi-Gegner war und in Kontakt mit Sensburg stand. Vielleicht entdeckte derselbe Offizier auch Waldbergs Begleiter, den aus Koblenz stammenden Karl Heinrich Meier, in Den Haag.

Pheiffer organisierte in Abstimmung mit seinem Freund Wichmann die Entsendung der Marinespione von der belgischen und der französischen Kanalküste aus. Beteiligt an den Operationen waren auch Sensburg und Krazer: »Im August 1940 war Pheiffer gemeinsam mit Sensburg mit einer Spezialaktion beschäftigt«,[13] darauf wies der Spion Drücke 1941 die MI-5-Offiziere in einem seiner Verhöre hin, ohne dass er von den Briten weiter dazu befragt wurde. Mit Pheiffer als vermutlichem Kopf der Planung arbeiteten Sensburg und Krazer die Einzelheiten der Marineoperation »Hummer Süd« aus. Wie sie die Spione auf ihre Einsätze vorbereiteten, wird aus den Nachkriegsvernehmungen der Marineoffiziere Unversagt und Klaps sowie aus dem Verhör des bereits unmittelbar nach seiner Landung im Süden Englands festgenommenen Spions Pons deutlich.

Werner Unversagt,[14] der im Hotel seiner Eltern in Bad Ems mitarbeitete, war im September 1939 eingezogen worden. Zunächst leistete er seinen Dienst in Limburg im Kriegsgefangenenlager der 12. Armee als Dolmetscher für Französisch. Dort wurde Sensburg, der damals in Wiesbaden unter anderem für die Verhöre von Kriegsgefangenen zuständig war, auf Unversagts gute Sprachkenntnisse aufmerksam. Er ließ ihn zur Abwehr versetzen und nahm ihn für das Referat I H mit nach Brüssel. Nach einigen Wochen Schreibtischarbeit – Unversagt war aufgetragen worden, die erbeuteten Unterlagen des Deuxième Bureau, des französischen Geheimdienstes, zu durchforsten – wurde er von Sensburg in die Ausbildung der potenziellen Spione eingebunden. Unversagt war allerdings noch nie in England gewesen und wusste nichts über die landesspezifischen Gepflogenheiten, ebenso fehlte ihm jede nachrichtendienstliche wie auch militärische Erfahrung. Dennoch – oder besser: gerade deswegen – beauftragte Sensburg ihn, vor einem ihm unbekannten Kreis von Zivilisten Vorträge über die britische Armee zu halten, ein Thema, mit dem Unversagt sich noch nie zuvor beschäftigt hatte. Sein Zuhörerkreis setzte sich, wie sich zu Unversagts Verwunderung herausstellte, aus den zukünftigen »Hummer«-Spionen zusammen.

Im Juli erhielt Unversagt von Sensburg den Auftrag, vier dieser Männer nach Brest zu bringen, von wo sie nach England aufbrechen sollten. Ihm folgten kurz darauf Sensburg, Krazer und Hauptmann Weber sowie zwei weitere Offiziere der Abwehrstelle Brüssel, an deren Namen Unversagt sich während seiner Verhöre durch MI 5 nicht mehr erinnerte. Angekommen in Brest, bezog Unversagt mit seiner Gruppe ein Haus am Stadtrand, wo sie auf sechs oder sieben weitere Abwehroffiziere trafen, von denen Unversagt keinen kannte. Nach vier oder fünf Tagen wurde die unmittelbar bevorstehende Abreise der Spione angeordnet, obwohl, wie Unversagt sich entsinnen konnte, manche der Offiziere der Ansicht gewesen seien, dass die Männer noch nicht genügend ausgebildet waren. Er selbst habe dann, noch am selben Tag und noch bevor die Spione aufbrachen, von Sensburg den Befehl erhalten, nach Brüssel zurückzukehren. Erst später habe er erfahren, dass die gesamte Unternehmung vorläufig abgeblasen worden sei, weil das Schiff mit den Spionen aus ihm unbekannten Gründen schon nach wenigen Stunden umkehren musste.

Einige Wochen später wurde Unversagt von Sensburg in das sogenannte »Château Wimille« versetzt – weniger ein Schloss als eine große Villa zwischen Boulogne und der kleinen Hafenstadt Le Touquet. Im »Château« war ein Trainingszentrum für Spione eingerichtet worden, und Unversagt war als einer der Ausbilder vorgesehen. Zu seinen Schülern zählten unter anderen die vier »Hummer Süd«-Spione Meier, Waldberg, Kieboom und Pons.

Pons berichtete MI 5, dass Ende August Korvettenkapitän Klaps ihm, Kieboom, Meier und Waldberg im »Château Wimille« unter anderem die geografischen Gegebenheiten der englischen Südküste erläutert habe. Am 2. September seien sie zu einem anderen Haus in Le Touquet gebracht worden, wo zahlreiche Offiziere auf sie warteten. Ein Heeresmajor, von dem er annahm, dass es Sensburg gewesen sei, habe ihnen auf einer Karte ihren Landeplatz und ihr Operationsgebiet gezeigt. Anschließend habe man sie auf einem Fluss in der Nähe mit einem Motorboot – jeweils zu zweit – auf zwei von insgesamt fünf dort liegenden Kuttern übergesetzt, die unmittelbar nach ihrer Ankunft die Anker lichteten. Der Kapitän und der Ingenieur seines Schiffes, so Pons, seien Norweger gewesen, außerdem habe ein Russe zur Besatzung gehört. Gegen 19 Uhr seien sie schließlich in Boulogne angekommen, wo ein Minenräumer sie in Schlepp genommen habe. Klaps habe ihnen noch vor ihrer Abreise eingeschärft, im Fall ihrer Verhaftung keineswegs zu erwähnen, dass sie von Le Touquet aus in See gestochen seien, sondern zu behaupten, sie seien aus Brest gekommen – Klaps habe wohl geheim halten wollen, dass die Abwehr noch über drei weitere Kutter für den Transport von Spionen verfügte.[15]

Friedrich Klaps stammte aus Wien und hatte in der österreichisch-ungarischen Marine gedient. 1939 kam er zur Abwehrstelle Bremen, obwohl er es vorgezogen hätte, zur See zu fahren. Pheiffer nahm ihn mit nach Brest und brachte ihn schon bald in Le Touquet in einem Haus mit dem Namen »Villa Anita« unter. Im »Château Wimille« lehrte Klaps vor allem sein Spezialthema »Navigation und Seemannskunst«, obwohl die zukünftigen Spione diese Unterweisungen nicht benötigten, wurden sie doch von Berufsschiffern bis kurz vor ihr Ziel befördert.

Klaps' Aussagen kommentierte der zuständige MI-5-Offizier am 2. Juni 1945 mit den Worten: »Klaps erhielt nie eine nachrichtendienstliche Ausbildung. Er arbeitete wohl hart, aber das konnte weder seine fehlenden Kenntnisse noch seinen Mangel an Intelligenz wettmachen. Anfangs wollte er uns gar nichts über seine Tätigkeit verraten, aber nach einem Befehl von seinem Mithäftling SS-Obergruppenführer Wolff zeigte er Kooperationsbereitschaft. Doch gerade weil er nicht sehr intelligent und dazu sehr nervös ist, gerät er schnell aus der Fassung. Er weiß nur, dass Anfang September vier Spione von der Abwehrstelle Brüssel nach England geschickt, gefangen genommen und hingerichtet wurden. An ihre Namen erinnert er sich nicht.«[16]

Mit den beiden Ausbildern Unversagt und Klaps hatten Wichmann, Pheiffer und Sensburg bewusst Männer ausgewählt, die die Spione für ihren Einsatz nichts Nützliches lehren konnten. Pons, Kieboom, Meier und Waldberg wird es nicht aufgefallen sein, besaßen sie doch überhaupt keine Vorstellung davon, was sie auf britischem Boden erwartete. Auch Unversagt war offenbar nie klar geworden, wie mangelhaft die Spione auch von ihm vorbereitet wurden; noch nach dem Krieg war er davon überzeugt, seine Aufgaben verantwortungsvoll und fachmännisch erfüllt zu haben. Alle, die durch seine Hände gegangen seien, habe er vorzüglich ausgebildet, erklärte er im Verhör, auch wenn er viele von Anfang an für »poor spy material« gehalten habe. Die Hauptschuld an der negativen Erfolgsquote des Marinekommandos »Hummer Süd« sah Unversagt bei den leitenden Offizieren in Brüssel, die überaus unfähig gewesen seien. Abfällig wies er darauf hin, dass sie noch aus dem Ersten Weltkrieg stammten, und warf ihnen vor, ihre Posten nur durch Beziehungen ergattert zu haben. Außerdem habe ihnen die Motivation gefehlt, und sowohl ihr Französisch als auch ihr Englisch sei ziemlich lückenhaft gewesen. Als Beispiel für ihr Versagen schon bei der Entscheidung, welcher der Spione tatsächlich eingesetzt werden sollte, führte er ausdrücklich Krazer an, der »nicht in der Lage gewesen sei, sich ein sachliches Urteil über die Fähigkeiten und Chancen eines Spions bilden zu können«.[17]

»Hummer Nord« war eine Gemeinschaftsaktion der Referate I M und I L in Brüssel und Hamburg. Nach den schnellen Verhaftungen der vier »Hummer Süd«-Spione hielt die Berliner Abwehrzentrale weitere Landungsversuche an der gut bewachten südenglischen Küste für zu riskant. Deshalb wurde Hamburg angewiesen, das nächste »Hummer«-Kommando im Norden, an der schottischen Küste, landen zu lassen und für den Transport ein Wasserflugzeug einzusetzen. Dabei kam das Hamburger Luftreferat I L ins Spiel. Die Verantwortung für das Unternehmen übertrug Wichmann allerdings nicht dem Hamburger I-L-Leiter Hauptmann Nikolaus Ritter, sondern dessen Mitarbeiter Julius Boeckel, dem überzeugten Nazi-Gegner, dem er unbedingt vertrauen konnte.

Natürlich verschwieg auch Boeckel – wie Wichmann und Pheiffer – gegenüber MI 5 die Hintergründe seiner Beteiligung am »Hummer Nord«-Kommando, nur Bekanntes und Unverfängliches gab er bereitwillig preis: Im August 1940 habe er Vera von Schalburg in einem Hamburger Hotel aufgesucht, um sie für ihre bevorstehende Reise zu instruieren, und Ende September sei er selbst nach Stavanger geflogen, um den Abflug ihrer Gruppe zu beaufsichtigen. Vermutlich befand er sich auch in Norwegen, als die zweite »Hummer Nord«-Gruppe mit dem Deutschen Joost und den beiden Norwegern Edvardssen und Lund abflog, unter dem Decknamen »Werner« hatte er Joost im Oktober 1940 nach Oslo begleitet.

»Wahnsinn, der zum Scheitern verurteilt war«

Schon im Sommer 1940 hatte Wichmann Boeckel auch die Verantwortung für die Ausbildung der »Lena«-Fallschirmspringer übertragen. Mit einem geschickten Schachzug hatte er zuvor Boeckels Vorgesetzten Ritter ausgebootet: Er hatte Ritter eine Sonderaufgabe zugeteilt, auf die dieser sogar besonders stolz war, wie er MI 5 darlegte: »Ich selbst war damals sehr eingebunden in Verhandlungen mit dem Reichswirtschaftsministerium wegen Kontakten zu Osteuropa, unter anderem zu Ungarn. Deshalb musste der größte Teil der Ausbildung von Major Boeckel durchgeführt werden.«[18]

Wie Unversagt und Klaps in Brüssel besaß auch Boeckel keinerlei nachrichtendienstliche Vorkenntnisse, auch in England war er noch nie gewesen. Doch im Unterschied zu Unversagt und Klaps war er in das »Lena«-Komplott eingeweiht. Deshalb war sein fehlendes Wissen ein eingeplanter Vorteil für die Widerständler um Wichmann. Sie konnten sich darauf verlassen, dass Boeckel seine Schüler nicht zu fähigen Spionen ausbilden werde. Auch dem MI-5-Offizier, der ihn 1945 befragte, fiel offenbar Boeckels mangelnde Ausbilderfähigkeit auf, und er erkundigte sich skeptisch, wie er denn diese Aufgabe bewältigen konnte. Boeckel erwiderte nur ausweichend und wortkarg: »Das nötige Wissen habe er sich durch Aktenstudium angeeignet.«[19]

Seiner Rolle gemäß handhabte Boeckel die Unterweisung der »Lena«-Fallschirmspringer nachlässig. Er verfügte über zwei Büros in Hamburg, in denen er seinen Unterricht abhielt, eines in der Königstraße 11 in Hamburg-Altona, schräg gegenüber vom Jüdischen Friedhof, das andere am Jungfernstieg 7, Ecke Alsterarkaden. Dort am Jungfernstieg, so berichtete er MI 5, habe er Caroli/SUMMER und Schmidt/TATE, die seiner Erinnerung nach beide von Praetorius in Hamburg eingeführt und von Mandt überprüft worden waren, in einem Schnellkurs im Lesen von Landkarten, im Gebrauch von Geheimtinte, hergestellt aus Aspirin, und sogar in Morsefunk unterrichtet. Anfang September sei er dann mit den beiden zukünftigen Spionen und seinem Vorgesetzten Ritter nach

Rennes gereist, um zu testen, ob seine Schüler mit den Funkgeräten einigermaßen umgehen könnten. Anschließend sei Caroli von Rennes oder Brüssel nach England gestartet, aber der Pilot Gartenfeld habe schon bald wieder umkehren müssen. Ein zweiter, erfolgreicher Versuch sei einige Tage später unternommen worden.

Über Schmidt sagte Boeckel aus, dass dieser bis Kriegsende Berichte über die Royal Air Force und die Flugzeugindustrie, über Schiffs- und Truppenbewegungen sowie über die Auswirkungen der Bombenangriffe gesendet habe, dazu Wettermeldungen und Notizen aus Zeitungs- und Zeitschriftenartikeln. Bis Frühjahr 1944 sei Schmidt direkt von Berlin I geführt worden, aber sein Funkverkehr sei die gesamte Zeit über Hamburg gelaufen. Anfang 1942, nachdem er, Boeckel, aus Hamburg in das Berliner Luftreferat versetzt worden war, seien dort Zweifel an Schmidts Glaubwürdigkeit aufgetaucht. Major Brede, damals als Leiter von I L sein Vorgesetzter, habe ihm daraufhin befohlen, die Hamburger Funkstelle anzuweisen, den Kontakt zu Schmidt sofort abzubrechen. Er habe jedoch Brede überreden können, diesen Befehl rückgängig zu machen, »nicht weil ich von Schmidts Glaubwürdigkeit überzeugt war, sondern weil ich hoffte, auf diese Weise sein Leben retten zu können«.[20] Aus demselben Grund habe er auch nach seiner Rückkehr nach Hamburg im März 1944 den Kontakt zu Schmidt aufrechterhalten – trotz wiederholter Warnungen aus Berlin. Wie sehr ihn das »Lena«-Komplott, in das er eingebunden war, seine eigene Zukunft und die seiner Mitverschwörer, aber auch das Schicksal der in England gefassten Spione, in diesen Jahren belasteten, geht aus einer Bemerkung Boeckels einem Pariser Abwehrkollegen gegenüber hervor, dem er offenbar vertraute: Er fürchtete, die Widerstandsaktion sei ein »Wahnsinn, der zum Scheitern verurteilt war«.[21]

Neben Caroli und Schmidt gehörten nach Boeckels Aussagen auch Josef Jakobs und Karel Richter zu seinen Auszubildenden. Im Umgang mit diesen beiden Spionen, die erst 1941 nach England geschickt wurden, benutzte Boeckel nur Decknamen: Jakobs kannte ihn als »Dr. Beyer«, Richter als »Bruhns«. Boeckel bestritt gegenüber MI 5 allerdings die Behauptung Richters, er habe ihn aus dem Konzentrationslager Fuhlsbüttel nur unter der Bedingung herausgeholt, dass er für Deutschland eine gefährliche Aufgabe erfülle. Tatsächlich sei auch Richter, wie schon Caroli und Schmidt, von Praetorius' Wirtschaftsreferat I Wi entdeckt und kontrolliert worden.

Dass Praetorius nicht nur an der Aufspürung geeigneter Spione großen Anteil hatte, sondern auch zumindest am Einsatz Richters – was er gegenüber MI 5 mit keinem Wort erwähnte –, wird aus dem MI-5-Verhörprotokoll eines gewissen Major Busch vom Luftreferat in der Berliner Zentrale deutlich. Busch sagte aus, dass er schon Ende 1940 Richter als Spion für absolut ungeeignet gehalten habe. Allein die Flüchtlingslegende, die Richter nach England mitgegeben wurde, nämlich dass er bei Cromer gelandet sei und von da mit dem Zug weiter nach London reisen wolle, habe für ihn völlig unglaubhaft geklungen, denn Richter habe auf Nachfragen weder eine Vorstellung von der Entfernung noch von den Bahnverbindungen gehabt. Er, Busch, habe daraufhin seinen damaligen Vorgesetzten Major Brasser alarmiert, aber Praetorius habe sich für Richter stark gemacht und auf seinem Einsatz bestanden.[22]

Die Spione Jakobs und Richter, die sich nach ihrer Landung in England als ebenso unfähig wie ihre Vorgänger erwiesen, wurden Praetorius vermutlich von Emil (»Bobby«) Bender zugeführt, der 1940 als V-Mann für Hamburg arbeitete.[23] Bender wurde später mit Hilfe von Inga Haag, geborene Abshagen, einer ehemaligen Sekretärin von Canaris mit zahlreichen engen Verbindungen zu den Verschwörern des 20. Juli, im Luftreferat der Abwehrleitstelle Paris unter Oberst Garthe untergebracht. Garthe galt in der Abwehr »als unversöhnlicher Feind der SS«,[24] und über Bender heißt es in einem Zeitzeugenbericht: »Hier in Paris war er in den kommenden Jahren von größtem Nutzen. Er hat vielen Leuten das Leben gerettet.«[25]

Sowohl bei Carolis Abflug wie auch später bei Schmidt und dem nicht genau identifizierten Doppelagenten mit dem britischen Decknamen GANDER, war vermutlich das Brüsseler Luftreferat unter Wichmanns Freund Dr. Schütze eingeweiht und beteiligt. Bei Karel Richter andererseits, der Mitte Mai 1941 in England landete, gab es eine Zusammenarbeit mit der Abwehr in den Niederlanden. Nach zwei vergeblichen Versuchen, Richter von niederländischen Häfen aus nach England zu bringen, startete schließlich sein Flug von Den Haag oder vom Amsterdamer Flughafen Schiphol. Im Luftreferat der Abwehr in Den Haag war damals der Luftwaffenoffizier Carl Merker eingesetzt. Als Mitarbeiter des Gruppenleiters I Major Walter Schulze-Bernett, der als »besonderer Schützling von Canaris«[26] galt, war Merker im Sommer 1941 an der Ausschleusung von mehreren hundert Juden aus den besetzten Niederlanden, dem Unternehmen »Aquilar«, beteiligt. Wie Schulze-Bernett, der »die Nationalsozialisten als brutale Emporkömmlinge verachtete«,[27] war Merker Regimegegner. Deshalb kann es nicht verwundern, dass Wichmann und Boeckel sich seiner und Schulze-Bernetts Hilfe bei der Inszenierung des »Lena«-Komplotts versicherten.

An allen Schlüsselstellungen des »Lena«-Komplotts saßen also vertraute Freunde und Gesinnungsgenossen Wichmanns: Pheiffer in Brest sowie Sensburg zusammen mit Krazer in Brüssel fädelten die Marineoperationen »Hummer« ein. Direkt von Hamburg aus konnte Wichmann mit Boeckel die Fallschirmeinsätze steuern.

Die Widerständler hatten das Glück, dass ihre kühnen Manipulationen der Spionageeinsätze durch die Bestückung mit den unfähigsten Anwärtern, die zu finden waren, und deren mangelhaftes Training nie aufgedeckt wurden. Auch wurde die charakterliche Qualifikation der ausgewählten Spione von Berlin nie hinterfragt. Wichmann und seine Gefährten zogen zudem einen Vorteil aus der Tatsache, dass der Funkverkehr mit allen Spionen in der westlichen Hemisphäre ausschließlich über die Hamburger Funkstelle abgewickelt wurde – potenziell verdächtige Meldungen konnten so abgefangen werden, bevor sie Berlin erreichten. Nicht einmal das Scheitern der Invasionsspione hatte für die Verschwörer nachteilige Folgen. Sollte es kritische Nachfragen aus Berlin gegeben haben, hätte zumindest argumentiert werden können, dass die Auswahl geeigneter Kandidaten angesichts des Zeitdrucks begrenzt gewesen sei, man aber selbstverständlich versucht habe, nur die Besten einzusetzen und sie optimal auf ihre Aufgaben vorzubereiten. Die wenigen Zweifel an den Fähigkeiten der Spione oder an der Verlässlichkeit ihrer Meldungen, die ab und an auftauchten, konnten zerstreut werden, bevor sie höhere Nazi-Ränge oder gar den SD erreichten.

Epilog

Die Verschwiegenheit der Verschwörer

Es bleibt die Frage, warum sich keiner aus der Verschwörergruppe um Herbert Wichmann nach dem Krieg offenbarte. Darauf sind mehrere Antworten möglich. Die einfachste könnte lauten: Geheimdienstoffiziere sind nicht nur zur Geheimhaltung verpflichtet, sondern auch aus Berufsethos verschwiegen. Eine andere Erklärung könnte in der von vielen Kriegsteilnehmern geteilten Auffassung liegen, die Vergangenheit sollte nicht wieder aufgerührt werden.

Weiterhin darf nicht übersehen werden, dass noch viele Jahre nach Kriegsende Widerstandstaten in Deutschland nicht gewürdigt wurden – im Gegenteil. »Die Deutschen waren kein Volk von Widerstandskämpfern«, so Peter Steinbach, der wissenschaftliche Leiter der »Gedenkstätte Deutscher Widerstand« in Berlin, »sondern erscheinen bis heute als eine, wenngleich in sich schattierte Masse von Angepassten, Passiven, Zurückhaltenden. Folglich war der Widerstand als die Verkörperung einer besseren Möglichkeit in Deutschland denkbar unpopulär.«[1]

Statt Anerkennung zu ernten waren Widerstandskämpfer jahrelang mit der Beschuldigung konfrontiert, Verrat an Deutschland begangen zu haben. Dieser Vorwurf wurde hartnäckig aufrechterhalten, obwohl sich Juristen und Historiker bemühten, ihn zu entkräften. Bereits 1952 hatte der Braunschweiger Generalstaatsanwalt Fritz Bauer den früheren Major Ernst-Otto Remer wegen übler Nachrede und Verunglimpfung des Andenkens Verstorbener angeklagt, nachdem dieser die Attentäter des 20. Juli als vom Ausland gedungene Landesverräter bezeichnet hatte. Das Gericht verurteilte Remer zwar nur zu drei Monaten Haft, aber in der Urteilsbegründung wurden die Widerstandskämpfer um Stauffenberg ausdrücklich vom Verdacht des Landes- und Hochverrats freigesprochen. Bauer hatte nachdrücklich in seinem Plädoyer festgestellt: Ein Unrechtsstaat wie das »Dritte Reich« sei »nicht hochverratsfähig«.[2]

Bis sich diese Erkenntnis in der Öffentlichkeit durchsetzte, sollte es jedoch noch dauern. 1954 würdigte der damalige Bundespräsident Theodor Heuss in seiner Gedenkrede zum 10. Jahrestag des Stauffenberg-Attentats zwar die Widerständler und bekräftigte das Recht auf Widerstand in einer Diktatur. Er fügte aber auch klarsichtig hinzu: »Wir werden nicht verhindern können, dass in Hinterstuben diese oder jene Schmährede das Gedächtnis dieser Männer aufsucht.«[3]

Auch in der Bundeswehr blieb lange Zeit das Bild des militärischen Widerstandes »getrübt durch den Vorwurf des Landesverrats«.[4] In der Aufbauphase der Bundeswehr rühmte sich der frühere General Hasso von Manteuffel sogar, »er sei stolz darauf, nicht zum Kreis des 20. Juli gehört und seinen Eid bis zuletzt gehalten zu haben«.[5] Die Diskussion um »Eidbrecher« und »Eidhalter« in den Streitkräften zog sich jahrelang hin, weil für den Aufbau der Bundeswehr auch diejenigen nötig schienen, die nicht zu einer Anerkennung der Widerständler bereit waren. Erst als in den 1970er-Jahren die historische Forschung genauer die Rolle der Wehrmacht im »Dritten Reich« beleuchtete, begann auch die Bundeswehr, ihr bis dahin uneingeschränkt positives Bild von der Wehrmacht zu revidieren.

In den darauf folgenden Jahren konzentrierte sich die Wertschätzung des Widerstandes auf die Attentäter des 20. Juli, ihre Angehörigen, Freunde und Mitwisser, die Opfer von Folter, Sippenhaft und Mord wurden. Dass es nicht nur den 20. Juli gegeben hatte, diese Erkenntnis setzte sich erst langsam durch. So war zum Beispiel Georg Elsers gescheiterter Bombenanschlag auf Hitler im November 1939 jahrzehntelang nicht Teil der offiziellen Gedenkkultur in der Bundesrepublik, obwohl auch er dafür ermordet wurde.

In diesem Stimmungsumfeld der 1950er- und 1960er-Jahre konnten weder Wichmann noch seine Mitverschwörer einen Anlass sehen, ihre Widerstandsaktionen an die Öffentlichkeit zu tragen. Für ihr »Lena«-Komplott setzten zwar auch sie ihr Leben aufs Spiel – denn hätte man ihre Verschwörung entdeckt, wären sie zweifellos wegen Landesverrats hingerichtet worden – doch sie waren nicht entdeckt worden und damit nicht zu Opfern des Regimes geworden. Hinzu kam, dass sie die mögliche Exekution ihrer untauglichen Spione einkalkuliert und – sicherlich nicht ohne Gewissensqualen – die Gefährdung deutscher Soldaten in Kauf genommen hatten, falls »Seelöwe« trotz ihrer Verschwörung stattgefunden hätte. Letzteres allein wäre Grund genug gewesen, ihre Widerstandsaktion nach dem Krieg nicht zu offenbaren.

In den folgenden Jahren, beginnend 1972 mit der Publikation des Buches »The Double-Cross System«[6] von J. C. Masterman, der bei MI 5 mit seinem »XX Committee« die Täuschungsaktionen steuerte, kamen zusätzlich neue Fakten über die Einbindung der Doppelspione in die alliierte Kriegsführung ans Licht. Es wurde bekannt, dass auch der Hamburger Abwehrspion Schmidt/TATE den alliierten Sieg befördert hatte. Denn im Sommer 1941 war trotz Enttarnung und Verhaftung aller »Hummer«-Spione und ihrer Fallschirmspringer-Kollegen das Kapitel »Lena« noch nicht abgeschlossen. Schmidt/TATE sollte bis zum letzten Kriegsjahr eine besondere Rolle spielen.

Seine erste von MI 5 diktierte Meldung hatte er per Funk am 16. Oktober 1940 abgesetzt, seine tausendste, mit der er auch dem »Führer« gute Wünsche übermittelte, sandte er am 28. Mai 1944.[7] Erst ein Jahr später, am 2. Mai 1945 um 17.50 Uhr, endete die Kommunikation zwischen ihm und den Deutschen mit einem Funkspruch der Hamburger Abwehr: Sie ließ ihn wissen, dass sie seinen Koffer mit persönlichen Habseligkeiten bereits bei seiner Schwester abgegeben habe, nachdem alles belastende Material daraus entfernt worden sei.[8]

Nicht zuletzt infolge des Schutzschirms, den die Hamburger während des ganzen Krieges über ihn hielten, wurde Schmidt als Spion in Berlin hoch geschätzt. Für seine angeblichen Verdienste erhielt Schmidt sogar das Eiserne Kreuz verliehen, und »ehrenhalber« wurde ihm die deutsche Staatsangehörigkeit zuerkannt.[9] Ihre Überzeugung, dass dieser Spion eine unersetzliche Informationsquelle war, stellte die Abwehrzentrale in Berlin jedoch vor ein Problem, das vorher niemand bedacht hatte. Der optimistischen Planung Hitlers folgend, dass das Unternehmen »Seelöwe«

in kurzer Zeit erfolgreich abgeschlossen sein werde, durfte allen »Lena«-Spionen nur so viel Geld mitgegeben werden, wie sie für einige Wochen zu ihrem Lebensunterhalt benötigten. Anfang 1941 musste Schmidt im MI-5-Auftrag deshalb Nachschub anfordern, der ihm auch großzügig gewährt wurde: Karel Richter brachte 500 Pfund und 1400 Dollar für ihn mit, eine Summe, die allerdings nicht lange ausreichte.

Die offensichtliche Bereitschaft der Abwehrzentrale, ihrem Spion großzügige finanzielle Hilfe zukommen zu lassen, nutzte daraufhin MI 5, um mit einem »Midas« genannten Plan kräftig die eigene Kasse zu füllen: Der Abwehr wurde vorgegaukelt, dass ein wohlhabender Londoner Theateragent einen Teil seines Vermögens in die USA in Sicherheit bringen wolle, weil er fürchte, Großbritannien werde den Krieg verlieren. Schmidts entsprechender Vorschlag lautete, die Abwehr solle einem Spion ihres Vertrauens in Lissabon – der inzwischen allerdings schon längst ebenfalls als Doppelagent TRICYCLE in britischen Diensten stand[10] – Dollars im Wert von 20 000 Pfund übergeben, um sie in ein US-Konto einzuzahlen. Der Theateragent werde dafür seinerseits die 20 000 Pfund persönlich an Schmidt übergeben. Die Berliner Abwehrzentrale befolgte den Vorschlag bereitwillig, war doch auf diese Weise Schmidt mit so viel Geld ausgestattet, dass er in großem Stil neue wertvolle Informanten anwerben konnte – so hoffte man in Berlin.

Diese hohen Ausgaben für ihren Topspion führten dazu, dass die Abwehr in Berlin auch die Anforderungen an Schmidt hochschraubte. Wettermeldungen und eher unbedeutende Informationen über den Zustand des Vereinigten Königreichs reichten nicht mehr aus. Detaillierte Fragen wurden gestellt, die MI 5 natürlich nicht beantworten wollte. Deshalb wurde Berlin vorgetäuscht, Schmidt habe sich aus London zurückziehen müssen, um einer Registrierung für den Militärdienst zu entgehen. Damit zerschlug sich zunächst die Hoffnung der Abwehr, Schmidt könne durch neue Kontakte, womöglich mit Regierungskreisen in London, Wissenswertes herausfinden.

Erst 1944 lieferte Schmidt wirklich Bedeutsames nach Berlin, wenn auch nichts Hilfreiches für das Oberkommando der Wehrmacht, im Gegenteil. Inzwischen hatten die Engländer zusammen mit den Amerikanern eine Täuschungsstrategie für die angestrebte Rückeroberung Europas ausgearbeitet, die Operation »Bodyguard«. Der »Fortitude South« genannte Plan, ein Teil von »Bodyguard«, sollte die deutsche Wehrmacht hinsichtlich des genauen Zeitpunktes und des genauen Angriffszieles der alliierten Invasion an der französischen Küste irreführen: »Mit Hilfe nur geringer Desinformationen wurde, sorgfältig kalkuliert, die ursprüngliche deutsche Annahme verstärkt, der Angriff werde an der Kanalküste erfolgen. Mit Hilfe äußerst grober Übertreibungen dagegen wurde den Deutschen all das gemeldet, was sie selbst nicht verifizieren konnten, nämlich die Stärke, der Ausrüstungs- und Trainingsstand sowie die Aufstellung der Invasionstruppen. So wurde systematisch ein falsches Bild des alliierten Schlachtplans gezeichnet.«[11]

Den Doppelagenten, darunter auch Schmidt, fielen dabei zahlreiche Täuschungsaufgaben zu. Mit ihren Funksprüchen sollten sie die Wehrmachtführung beeinflussen, sich für eine Landung an der Küste bei Calais zu wappnen. Außerdem sollte der Eindruck entstehen, dass es sich »nachdem der richtige Angriff schon an den Stränden der Normandie erfolgt sei, dabei nur um einen ersten Schlag handele und dass ein zweiter, noch viel heftigerer in der Kanalenge erfolgen werde«.[12]

Um die Drohung dieser zweiten Angriffswelle glaubhaft zu machen, war eine komplette Heeresgruppe erfunden worden, die »First US Army Group«, FUSAG, die – wie die Doppelagenten zu behaupten hatten – im Südosten Englands stationiert sei. Für die Phantomtruppen der FUSAG wurden sogar aufblasbare Panzerattrappen und Artilleriegeschütze aus Holz aufgestellt, um die deutsche Luftaufklärung – falls sie noch in der Lage gewesen wäre, das Inselreich zu überfliegen – zu täuschen. Diese Verschleierungsaktionen erwiesen sich als so erfolgreich, dass das Oberkommando der Wehrmacht noch Tage nach der alliierten Landung am 6. Juni 1944 die komplette 15. Armee an der Kanalenge zurückhielt, anstatt sie zur Verteidigung in die Normandie zu verlegen.

Schmidt war für seine Rolle in »Fortitude South« von MI 5 ein Freund in Kent, ein Eisenbahner, angedichtet worden, den er angeblich häufig besuchte, um von ihm genaue Informationen über die Bewegungen der FUSAG zu erhalten. Am 7. Juni funkte er seine erste FUSAG-Desinformation: Bisher habe es zwar noch keinen Truppenabmarsch gegeben, es sammelten sich jedoch immer mehr Truppenkontingente.[13] Am 8. und 9. Juni ließ Schmidt Berlin in mehreren aufeinanderfolgenden Funkmeldungen wissen, worauf dort schon mit Spannung gewartet worden war: Alle Vorbereitungen seien abgeschlossen, um die FUSAG nach Tilbury, Gravesend, Dover, Folkestone und Newhaven zur Ausschiffung zu verlegen. Am 10. Juni, vier Tage nach Invasionsbeginn, lobte die getäuschte Abwehr Schmidt sogar noch mit den Worten, »seine Berichte könnten womöglich den Krieg entscheiden«.[14]

Tatsächlich trug die Einbindung Schmidts in »Fortitude South« mit zur Kriegsentscheidung bei – allerdings in ganz anderer Weise, als die Berliner Abwehrzentrale erwartete. Denn die Desinformationen Schmidts und in noch größerem Maße die seiner Doppelagenten-Kollegen, des Polen Czerniawski und des Spaniers Pujol (Decknamen BRUTUS und GARBO), spielten eine nicht unbedeutende Rolle bei der erfolgreichen alliierten Invasion, die das Kriegsende einläutete.[15]

Als im Lauf der 1970er-Jahre MI 5 nach und nach seine Täuschungsmanöver mit Hilfe der Doppelagenten offenlegte, waren diese Enthüllungen schon für die ehemaligen Militärs auf beiden Seiten der Kanalenge sicherlich eine Überraschung, aber Wichmann und seine Gefährten werden fassungslos gewesen sein. Dass einer ihrer Spione, den sie absichtlich den Engländern in die Hände spielten, indirekt – wenn auch nur mit einem kleinen Anteil – zur Niederlage Deutschlands beigetragen hatte, wird sie im Verschweigen ihrer Widerstandsaktion noch bestärkt haben.

Was sie im Einzelnen mit ihrem »Lena«-Komplott erreicht hatten, war auch für die Widerstandsgruppe selbst nur schwer messbar. Ihr schon früh hoch gestecktes Ziel, mit ihrer Aktion auch den befürchteten Weltkrieg zu verhindern – »Für uns war es klar und heute ist es weltweit bekannt, dass Hitler eben den großen

Krieg wollte«[16] –, haben Herbert Wichmann und seine Gefährten eindeutig verfehlt. Aber zweifellos hatten sie einen beträchtlichen Anteil daran, dass »Seelöwe« nie realisiert wurde, blieb das Oberkommando der Wehrmacht doch 1940/1941 weitgehend »blind«, was die britische Verteidigungsfähigkeit gegen eine deutsche Invasion betraf. Wie nicht viele andere nutzten sie mutig, ohne Rücksicht auf ihr Leben, ihre dienstlichen Positionen, dem Regime von innen heraus entschiedenen Widerstand zu leisten.

Literatur

Unveröffentlichte Quellen

›National Archives‹, London

Security Service:

KV 2/11–14, KV 2/16–27, KV 2/30–33, KV 2/60–62, KV 2/87–88, KV 2/90–91, KV 2/103, KV 2/107, KV 2/159, KV 2/170–171, KV 2/267, KV 2/325, KV 2/408, KV 2/410, KV 2/444–453, KV 2/468, KV 2/521, KV 2/528–529, KV 2/546, KV 2/560, KV 2/674, KV 2/977, KV 2/1067–1068, KV 2/1333, KV 2/1452, KV 2/1699–1706, KV 2/2133, KV 2/2645, KV 2/2751, KV 2/2867, KV 4/186.

War Office:

WO 32/18144, WO 94/106, WO 208/5227.

Home Office:

HO 144/21471–21472, HO 144/21576, HO 144/21636.

Criminal Court:

CRIM 1/1243, CRIM 1/1307, CRIM 1/1350.

Prison Commission:

PCOM 9/902–903.

›Bundesarchiv/Militärarchiv‹, Freiburg

RW 49577–578.

Unveröffentlichte Texte

Erinnerungen des Freiherrn Heinrich von Berenberg-Gossler, im Besitz der Familie von Berenberg-Consbruch, Hamburg.

Herbert Wichmann, ›45 Jahre danach. Bericht des Kapitäns z. S. a. D. Herbert Wichmann, s. Zeit Leiter der Abwehrstelle Hamburg‹, München 1981.

Clubzeitschrift des Norddeutschen Regatta Vereins, Hamburg, September 1987.

Mündliche Mitteilungen

Gespräche mit Uwe von Below, Hamburg 2007 und 2012

Gespräch mit Hans-Heinrich Wrede, München 2011

Gespräch mit Hartwig Graf von Bernstorff, Hamburg 2012

Gespräch mit Wolf Mandt-Merck, Hamburg 2012

Gespräch mit Rudolf Staritz, Bamberg 2013

Veröffentlichte Texte

Abshagen, Karl Heinz: *Canaris*, Stuttgart 1949.

Alexander, Günter (Günter Peis): *So ging Deutschland in die Falle. Anatomie einer Geheimdienstoperation*, Düsseldorf-Wien 1976.

Andrew, Christopher: *The Defence of the Realm. The authorized History of MI 5*, London 2009.

Baag, Robert: *Michael Mueller: Canaris. Hitlers Abwehrchef in neuem Licht, Deutschlandfunk*, Politische Literatur, 8. 5. 2006.

Bartz, Karl: *Die Tragödie der deutschen Abwehr*, Salzburg o. J.

Bassett, Richard: *Hitler's Spy Chief. The Wilhelm Canaris Mystery*, London 2005.

Baum, Walter: *Marine, Nationalsozialismus und Widerstand, in: Vierteljahrshefte für Zeitgeschichte*, 1963, Heft 1, S. 16–48.

Bleicher, Hugo: *Colonel Henri's Story*, London 1954.

Bodleian Library (Hrsg.): *German Invasion Plans for the British Isles 1940* (Militärgeographische Angaben über England, 1940), Oxford 2007.

Bottlenberg-Landsberg, Maria Theodora von dem: *Karl Ludwig Freiherr von und zu Guttenberg. Ein Lebensbild*, Berlin 2003.

Brakelmann, Günter/Traugott Jähnichen (Hrsg.): ›*Dietrich Bonhoeffer – Stationen und Motive auf dem Weg in den politischen Widerstand*, Münster 2005.

Brammer, Uwe: *Spionageabwehr und Geheimer Meldedienst. Die Abwehrstelle im Wehrkreis X Hamburg 1935–1945*, hrsg. vom Militärgeschichtlichen Forschungsamt, Freiburg 1989.

Brissaud, André: *Canaris*, Frankfurt/Main 1976.

Brown, Anthony Cave: *Die unsichtbare Front. Entschieden Geheimdienste den 2. Weltkrieg?*, München 1976.

Bruhns, Wibke: *Meines Vaters Land. Geschichte einer deutschen Familie*, München 2004.

Buchheit, Gert: *Der deutsche Geheimdienst. Geschichte der militärischen Abwehr*, München 1966.

Bundesarchiv (Hrsg.): *Materialien aus dem Bundesarchiv, Heft 16: Das Amt Ausland/Abwehr im Oberkommando der Wehrmacht*. Eine Dokumentation, bearbeitet von Norbert Müller unter Mitwirkung von Helma Kaden, Gerlinde Grahn, Brün Meyer, Tilman Koops, Koblenz 2007.

Calvocoressi, Peter: *Top Secret Ultra*, London 1979.

Campbell, John P.: *Retrospective on J. C. Masterman's »The Double-Cross-System«*, in: *International Journal of Intelligence and Counterintelligence*, Vol. 18, Nr. 2 (2005), S. 320–353.

Chowaniec, Elisabeth: *Der »Fall Dohnanyi« 1943–1945. Widerstand, Militärjustiz, SS-Willkür*, München 1991.

Churchill, Winston S.: *Memoiren*, Hamburg 1950.
Colvin, Ian: *Chief of Intelligence*, London 1951.
Cox, Richard: *Operation Sea Lion*, San Rafael 1977.
Delmer, Sefton: *The counterfeit Spy. The Amazing Story of the Phantom Spy-Ring that deceived Hitler*, London 1974.
Deutsch, Harold C.: *Verschwörung gegen den Krieg. Der Widerstand in den Jahren 1939–1940*, München 1969.
Dokumentation *Aus den Personalakten von Canaris, in: Vierteljahrshefte für Zeitgeschichte*, 1962/3. Heft,
Duguid, Kevin: *Portgordon's Nazi Spies resurface*, in: *Banffshire Journal*, Banff 1. 8. 2006.
Elliott, Geoffrey: *Gentleman Spymaster. How Lt Col Tommy Tar Robertson Double-crossed the Nazis*, London 2011.
Farago, Ladislas: *The Game of the Foxes. British and German Intelligence Operations and Personalities which changed the Course of the Second World War*, London 1974.
Fest, Joachim: *Staatsstreich. Der lange Weg zum 20. Juli*, Berlin 2004.
Peter Fleming: *Operation Sea Lion*, London 1957.
Fraenkel, Heinrich/Roger Manvell: *Canaris. Spion im Widerstreit*, Bern-München 1969.
Geilen, Stefan: *Das Widerstandsbild in der Bundeswehr*, in: *Aufstand des Gewissens. Militärischer Widerstand gegen Hitler und das NS-Regime 1933–1945*, Begleitband zur Wanderausstellung des Militärgeschichtlichen Forschungsamts, herausgegeben von Thomas Vogel, Hamburg-Berlin-Bonn 2000, S. 331–354.
Giskes, Hermann J.: *London ruft Nordpol. Das erfolgreiche Funkspiel der deutschen militärischen Abwehr*, Bergisch Gladbach 1982.
Gisevius, Hans Bernd: *Bis zum bittern Ende*, Darmstadt 1947.
Glaubauf, Karl: *Generalmajor Erwin Lahousen, Edler von Vivremont. Ein Linzer Abwehroffizier im militärischen Widerstand*, in: *Jahrbuch 2000. Dokumentationsarchiv des Österreichischen Widerstandes*, Wien 2000, S. 7–32.
Graml, Hermann: *Der Fall Oster*, in: ›*Vierteljahrshefte für Zeitgeschichte*, 1966, Heft 1, S. 26–39.
Graml, Hermann: *Widerstand im Dritten Reich. Probleme, Ereignisse, Gestalten*, Frankfurt/Main 1984.
Graml, Hermann: *Hitler und England. Ein Essay zur nationalsozialistischen Außenpolitik 1920 bis 1940*, München 2010.
Groscurth, Helmuth: ›*Tagebücher eines Abwehroffiziers 1938–1940*, hrsg. von Helmut Krausnick und Harold C. Deutsch, Quellen und Darstellungen zur Zeitgeschichte, Band 19, Stuttgart 1970.

Haufler, Hervie: *The Spies who never were. The true Story of the Nazi Spies who were actually Allied Double Agents*, New York 2006.

Hillgruber, Andreas: *Hitlers Strategie. Politik und Kriegführung 1940–1941*, Frankfurt/Main 1965.

Hillgruber, Andreas: *England's Place in Hitler's Plans for World Dominion*, in: *Journal of Contemporary History*, Vol. 9, Nr. 1 (1974), S. 5–22.

Hinsley, F. H.: *British Intelligence in the Second World War. Its Influence on Strategy and Operations*, 3 Bände, London 1979–1981.

Hinsley, F. H./C. A. G. Simkins: *British Intelligence in the Second World War. Security and Counter-Intelligence*, London 1990.

Höhne, Heinz: *Canaris. Patriot im Zwielicht*, München 1984.

Hoffmann, Peter: *Widerstand, Staatsstreich, Attentat. Der Kampf der Opposition gegen Hitler*, München 1970.

Holt, Thaddeus: *The Deceivers. Allied Military Deception in the Second World War*, London 2005.

Howard, Michael: *British Intelligence in the Second World War. Strategic Deception*, London 1990.

Humphries, John: *Spying for Hitler: The Welsh Doublecross*, Cardiff 2012.

Jäckel, Hartmut: *Das Geheimnis des Dr. John*, in: *Die ZEIT*, Nr. 28, 2004.

Jeffery, Keith: *MI 6. The History of the Secret Intelligence Service 1909–1945*, London 2010.

John, Otto: *Falsch und zu spät. Der 20. Juli 1944. Epilog*, Berlin 1989.

Jonason, Tommy/Simon Olsson: *Agent TATE. The Wartime Story of Harry Williamson*, Stroud 2011.

Jones, R. V.: *Most Secret War. British Scientific Intelligence 1939–1945*, London 1978.

Kahn, David: *The Codebreakers*, London 1980.

Kahn, David: *Hitler's Spies. German Military Intelligence in World War II*, New York 2000.

Kern, Erich: *Verrat an Deutschland. Spione und Saboteure gegen das eigene Vaterland*, Göttingen 1965.

Kieser, Egbert: *Unternehmen Seelöwe. Die geplante Invasion in England 1940*, Esslingen-München 1987.

Klee, Karl: *Das Unternehmen Seelöwe. Die geplante deutsche Landung in England 1940*, Studien und Dokumente zur Geschichte des Zweiten Weltkrieges, hrsg. vom Arbeitskreis für Wehrforschung in Frankfurt/Main, Band 4a, Göttingen 1958.

Knightley, Phillip: *The Second Oldest Profession. Spies and Spying in the Twentieth Century*, London 2003.

Kosthorst, Erich: *Die deutsche Opposition gegen Hitler zwischen Polen- und*

Frankreichfeldzug. Schriftenreihe der Bundeszentrale für Heimatdienst, Heft 8, Bonn 1957.
Leverkuehn, Paul: *Der geheime Nachrichtendienst der Wehrmacht im Kriege*, Frankfurt/Main-Bonn 1964.
Lill, Rudolf/Heinrich Oberreuter (Hrsg.): *20. Juli. Portraits des Widerstands*, Düsseldorf-Wien 1984.
Macintyre, Ben: *Agent Zigzag. Lover, Traitor, Spy*, London 2007.
Macintyre, Ben: *Double Cross. The True Story of the D-Day Spies*, London 2012.
Mader, Julius: *Hitlers Spionagegenerale sagen aus*. Ein Dokumentarbericht über Aufbau, Struktur und Operationen des OKW-Geheimdienstamtes Ausland/Abwehr mit einer Chronologie seiner Einsätze von 1933–1944, Berlin (Ost) 1978.
Masterman, John Cecil: *The Double Cross System in the War of 1939 to 1945*, New Haven-London 1972.
Meinl, Susanne/Dieter Krüger: *Der politische Weg von Friedrich Wilhelm Heinz. Vom Freikorpskämpfer zum Leiter des Nachrichtendienstes im Bundeskanzleramt*, in: *Vierteljahrshefte für Zeitgeschichte*, 1994, Heft 1, S. 39–70.
Meyer, Winfried: *Unternehmen Sieben. Eine Rettungsaktion für vom Holocaust Bedrohte aus dem Amt Ausland/Abwehr im Oberkommando der Wehrmacht*, Frankfurt/Main 1993.
Militärgeschichtliches Forschungsamt (Hrsg.): *Aufstand des Gewissens. Der militärische Widerstand gegen Hitler und das NS-Regime 1933–1945*, Begleitband zur Wanderausstellung des Militärgeschichtlichen Forschungsamts, hrsg. von Thomas Vogel, Hamburg-Berlin-Bonn 2000.
Miller, Russell: *Codename Tricycle. The Story of the Second World War's Most Extraordinary Double Agent*, London 2005.
Mommsen, Hans: *Alternative zu Hitler. Studien zur Geschichte des deutschen Widerstandes*, München 2000.
Müller, Klaus-Jürgen: *A German Perspective on Allied Deception Operations in the Second World War*, in: ›Intelligence and National Security‹, Vol. 2, Nr. 3 (1987), S. 301–326.
Mueller, Michael: *Canaris. Hitlers Abwehrchef*, Berlin 2006.
Mure, David: *Practice to Deceive*, London 1977.
Mure, David: *Master of Deception. Tangled Webs in London and the Middle East*, London 1980.
O'Halpin, Eunan: *The Liddell Diaries and British Intelligence History*, in: *Intelligence and National Security*, Vol. 20, Nr. 4 (2005), S. 670–686.
Paine, Lauran: *German Military Intelligence in World War II. The Abwehr*, New York 1988.

Parssinen, Terry: *The Oster Conspiracy of 1938*, New York 2003.

Pierrepoint, Albert: *Executioner: Pierrepoint. The amazing Autobiography of the World's most famous Executioner*, London 1977.

Plehwe, Friedrich Karl von: *Operation Sealion 1940*, in: *The RUSI Journal*, Vol. 118, 1, S. 47–53.

Popov, Dusko: *Superspion*, Wien-München-Zürich 1975.

Public Record Office (Hrsg.): *Camp 020. MI 5 and the Nazi Spies*, Public Record Office Secret History Files, Richmond 2000.

Public Record Office (Hrsg.): *Garbo. The Spy who saved D-Day*, Public Record Office Secret History Files, Richmond 2004.

Reile, Oskar: *Der deutsche Geheimdienst im II. Weltkrieg. Westfront*, Augsburg 1990.

Ritter, Nikolaus: *Deckname Dr. Rantzau. Die Aufzeichnungen des Nikolaus Ritter, Offizier unter Canaris im Geheimen Nachrichtendienst*, Hamburg 1972.

Roon, Ger van: *Graf Moltke als Völkerrechtler im OKW*, in: *Vierteljahrshefte für Zeitgeschichte*, Jahrgang 18 (1970), Heft 1.

Roth, Karl Heinz/Angelika Ebbinghaus: *Rote Kapellen – Kreisauer Kreise – Schwarze Kapellen. Neue Sichtweisen auf den Widerstand gegen die NS-Diktatur 1938–1945*, Hamburg 2004.

Rothfels, Hans: *Die deutsche Opposition gegen Hitler. Eine Würdigung*, Frankfurt/Main 1958.

Schafranek, Hans/Johannes Tuchel (Hrsg.): *Krieg im Äther. Widerstand und Spionage im Zweiten Weltkrieg*, Wien 2004.

Schenk, Peter: *Invasion of England 1940: The Planning of Operation Sealion*, London 1990.

Schlabrendorff, Fabian von: *Offiziere gegen Hitler*, Frankfurt/Main 1962.

Scholtysek, Joachim: *Das Amt Ausland/Abwehr – eine Position der unbegrenzten (Widerstands-)Möglichkeiten?*, in: *Der 20. Juli 1944 – Profile, Motive, Desiderate.* Schriftenreihe der Forschungsgemeinschaft 20. Juli 1944 e. V., Bd. 10, hrsg. von Stephen Schröder/Christoph Studt, Berlin 2008.

Schramm, Percy E. (Hrsg.): *Kriegstagebuch des Oberkommandos der Wehrmacht (Wehrmachtführungsstab) 1940–1945*, 8 Bände, Herrsching 1982.

Schramm, Wilhelm von: *Der Geheimdienst in Europa 1937–1945*, München 1980.

Schramm, Wilhelm von: *Aufstand der Generale. Der 20. Juli in Paris*, Bernau/Chiemsee 1978.

Schröder, Stephen/Christoph Studt (Hrsg.): *Der 20. Juli 1944 – Profile, Motive, Desiderate.* XX. Königswinterer Tagung 23.–25. Februar 2007, Schriftenreihe der Forschungsgemeinschaft 20. Juli 1944 e. V. Band 10, Berlin 2008.

Steinbach, Peter: Vortrag zur Eröffnung der neugestalteten Ausstellung »Aufstand des Gewissens« am 24. Februar 1999 in München, Kulturzentrum Gasteig, in: *Aufstand des Gewissens, Militärischer Widerstand gegen Hitler und das NS-Regime 1933–1945*, Begleitband zur Wanderausstellung des Militärgeschichtlichen Forschungsamts, herausgegeben von Thomas Vogel, Hamburg-Berlin-Bonn 2000.

Steinbach, Peter: *Widerstand gegen die nationalsozialistische Diktatur 1933–1945*. Bundeszentrale für politische Bildung, Schriftenreihe Band 323, Bonn 2004.

Thies, Jochen: *Die Dohnanyis. Eine Familienbiografie*, Berlin 2005.

Thun-Hohenstein, Romedio Galeazzo Graf von: *Der Verschwörer. General Oster und die Militäropposition*, Berlin 1982.

Ueberschär, Gerd R.: *Das Dilemma der deutschen Militäropposition*. Gedenkstätte Deutscher Widerstand, Beiträge zum Widerstand 1933–1945, Berlin 2001.

Ueberschär, Gerd R.: *Für ein anderes Deutschland. Der deutsche Widerstand gegen den NS-Staat 1939–1945*, Frankfurt/Main 2006.

Vanwelkenhuyzen, Jean: *Die Niederlande und der »Alarm« im Januar 1940, in: Vierteljahrshefte für Zeitgeschichte*, 1960 Heft 1, S. 17–36.

Waller, John H.: *The unseen War in Europe: Espionage and Conspiracy in the Second World War*, New York 1996.

West, Nigel (Rupert Allason): *MI 5. British Security Service Operations 1909–1945*, London 1983.

West, Nigel (Rupert Allason): *MI 6. British Secret Intelligence Service Operations 1909–1945*, London 1983.

West, Nigel (Rupert Allason) (Hrsg.): ›*The Guy Liddell Diaries 1939–1945. MI 5's Director of Counter-Espionage in World War II*, 2 Bände, London-New York 2005.

West, Nigel (Rupert Allason): *More Observations on Abwehr in the UK, in: International Journal of Intelligence and Counterintelligence*, Vol. 18, Nr. 4 (2005), S. 757–758.

West, Nigel/Madoc Roberts: *Snow: The Double Life of a World War II Spy*, Hull-London 2011.

Winterbotham, F. W.: *The Ultra Secret*, London 1975.

Internet:

www.2i.westhost.com/bg/0_16.html

www.20-juli-44/de/pdf/1954_heuss.pdf

https://www.cia.gov/library/center-for-the-study-of-intelligence/kent-csi/vol20no1/html

www.marine.de
www.mei1940.nl/Verslagen/Maj-Sas-Verhoor.html
www.suche-im-dunkeln.de

Anmerkungen

Prolog

1 Nigel West (Hrsg.), *The Guy Liddell Diaries 1939–1945. MI 5's Director of Counter-Espionage in World War II*, 2 Bände, London-New York 2005, Band 1: 1939–1942, S. 94.
2 Gert Buchheit, *Der deutsche Geheimdienst. Geschichte der militärischen Abwehr*, München 1966.
3 Paul Leverkühn, *Der geheime Nachrichtendienst der Wehrmacht im Kriege*, Frankfurt-Bonn 1964.
4 Wilhelm von Schramm, *Der Geheimdienst in Europa 1937–1945*, München-Wien 1974.
5 Unter anderen Hans Bernd Gisevius, *Bis zum bittern Ende*, Darmstadt 1947, und Oskar Reile, *Der deutsche Geheimdienst im II. Weltkrieg. Westfront*, Augsburg 1990, sowie *Treffpunkt Lutetia Paris*, Wels 1973.
6 Winfried Meyer, *Unternehmen Sieben. Eine Rettungsaktion für vom Holocaust Bedrohte aus dem Amt Ausland/Abwehr im Oberkommando der Wehrmacht*, Frankfurt/Main 1993.
7 Materialien aus dem Bundesarchiv, Heft 16, *Das Amt Ausland/Abwehr im Oberkommando der Wehrmacht. Eine Dokumentation*, bearbeitet von Norbert Müller unter Mitwirkung von Helma Kaden, Gerlinde Grahn, Brün Meyer, Tilman Koops, Koblenz 2007.
8 Materialien, S. 39.
9 Michael Howard, *Strategic Deception*, London 1990, S. 5.

Kapitel I

1 Hermann Graml, *Hitler und England. Ein Essay zur nationalsozialistischen Außenpolitik 1920 bis 1940*, München 2010, S. 13.
2 Graml, S. 60.
3 Graml, S. 93.
4 Andreas Hillgruber, *Hitlers Strategie. Politik und Kriegführung 1940–1941*, Frankfurt/Main 1965, S. 145.
5 Winston S. Churchill, *Memoiren*, 6 Bände, Hamburg 1950, Band 2, S. 147.
6 Hillgruber, S. 145.
7 Egbert Kieser, *Unternehmen Seelöwe. Die geplante Invasion in England 1940*, Esslingen-München 1987, S. 101.

8 Karl Klee, *Das Unternehmen Seelöwe. Die geplante deutsche Landung in England 1940*, Göttingen 1958, S. 61.
9 Klee, S. 62.
10 Kieser, S. 106.
11 Zitiert nach Hillgruber, S. 155.
12 Zitiert nach Klee, S. 75.
13 Churchill, S. 312.
14 Zitiert nach Hillgruber, S. 155 (Kriegstagebuch Halder, Band II, 13. Juli 1940).
15 Klee, S. 80.
16 Zitiert nach Klee, S. 96.
17 Vgl. Peter Schenk, *Invasion of England 1940: The Planning of Operation Sealion*, London 1990, S. 29.
18 Percy E. Schramm (Hrsg.), *Kriegstagebuch des Oberkommandos der Wehrmacht (Wehrmachtführungsstab)*, Sonderausgabe in 8 Bänden, Herrsching 1982, Band I/1, 22. August 1940.
19 Zitiert nach Klee, S. 205.
20 Klee, S. 209.
21 Klee, S. 228–229.
22 F. H. Hinsley, *British Intelligence in the Second World War. Its Influence on Strategy and Operations*, 3 Bände, London 1979–1981, Band 1, S. 166.
23 Churchill, S. 178.
24 Bereits Anfang 1940 konnten sie ihren ersten Erfolg verbuchen, als sie den Morsefunkverkehr der Hamburger Abwehrstelle mit einem Beobachtungsschiff vor der norwegischen Küste entschlüsselten, und im Lauf des Jahres 1941 wurde es ihnen möglich, fast alle Codes der Abwehr zu knacken. Vgl. Thaddeus Holt, ›*The Deceivers. Allied Military Deception in the Second World War*, London 2005, S. 126.
25 Hinsley, Band 1, S. 185.
26 Churchill, S. 171.

Kapitel II

1 Materialien aus dem Bundesarchiv, Heft 16, *Das Amt Ausland/Abwehr im Oberkommando der Wehrmacht. Eine Dokumentation*, bearbeitet von Norbert Müller unter Mitwirkung von Helma Kaden, Gerlinde Grahn, Brün Meyer, Tilman Koops, Koblenz 2007, S. 44.
2 Michael Mueller, *Canaris*, Berlin 2006, S. 170.
3 Mueller, S. 171.
4 Zitiert nach Joachim Scholtyseck, *Das Amt Ausland/Abwehr – eine Position der unbegrenzten (Widerstands-)Möglichkeiten?*, in: *Der 20. Juli 1944 – Profile,*

Motive, Desiderate. XX. Königswinterer Tagung 23.-25. Februar 2007, Schriftenreihe der Forschungsgemeinschaft 20. Juli 1944 e. V. Bd. 10, hrsg. von Stephen Schröder/Christoph Studt, Berlin 2008, S. 121.
5 Heinz Höhne, *Canaris. Patriot im Zwielicht*, München 1976, S. 132.
6 Höhne, S. 166.
7 Höhne, S. 203.
8 Uwe Brammer, *Spionageabwehr und Geheimer Meldedienst. Die Abwehrstelle im Wehrkreis X Hamburg 1935–1945*, hrsg. vom Militärgeschichtlichen Forschungsamt, Freiburg 1989, S. 13.
9 Höhne, S. 190.
10 Herbert Wichmann, *45 Jahre danach. Bericht des Kapitäns z. See a.D. Herbert Wichmann, s. Zt. Leiter der Abwehrstelle Hamburg*, München 1981, S. 89 ff.
11 Brammer, S. 152.
12 David Kahn, ›*Hitler's Spies. German Military Intelligence In World War II*, New York 2000, S. 277.
13 Christopher Andrew, *The Defence of the Realm. The authorized History of MI 5*, London 2009, S. 209.
14 F.H. Hinsley/C. A.G. Simkins, *British Intelligence in the Second World War. Security and Counter-Intelligence*, London 1990, S. 12.
15 »M« in den Romanen und Filmen über den Geheimagenten James Bond.
16 Zitiert nach Andrew, S. XIX.
17 Andrew, S. 118.
18 Zitiert nach Andrew, S. 188.
19 Andrew, S. 188.
20 Zitiert nach Andrew, S. 198.
21 Zitiert nach Andrew, S. 208.
22 Andrew, S. 220.
23 Andrew, S. 249.
24 Andrew, S. 250.
25 Nigel West, *MI 5. British Security Service Operations 1909–1945*, London 1983, S. 133.
26 Keith Jeffery, *MI 6. The History of the Secret Intelligence Service 1909–1945*, London 2010, S. 161.
27 Unergiebig waren auch die meisten Informationen, die die »Z Organisation« und die »22 000 Organisation« beschafften, zwei relativ unabhängige geheimdienstliche Organisationen. Vgl. Jeffery, S. 316.
28 Zitiert nach Jeffery, S. 246.
29 Nigel West, *MI 6. British Secret Intelligence Service Operations 1909–1945*, New

York 1983, S. 60. Im Sommer 1940 wurde »Section D« mit MI (R), Military Intelligence (Research) – früher GS (R), General Staff (Research) – zu Special Operations Executive (SOE) verschmolzen, einem Geheimdienst, der vor allem für paramilitärische Kommandos, Spionage und Sabotage in den von den Deutschen besetzten Ländern ins Leben gerufen wurde. Vgl. M. R. D. Foot, *SOE: The Special Operations Executive 1940–1946*, London 1984, und Monika Siedentopf, *Absprung über Feindesland*, München 2006.

30 Information von Rudolf Staritz im März 2013.

31 West, MI 6, S. 79.

Kapitel III

1 KV 2/444–453.

2 KV 2/170 und Uwe Brammer, *Spionageabwehr und Geheimer Meldedienst. Die Abwehrstelle im Wehrkreis X Hamburg 1935–1945*, hrsg. vom Militärgeschichtlichen Forschungsamt, Freiburg 1989, S. 152.

3 KV 2/468.

4 Nigel West (Hrsg.), *The Guy Liddell Diaries 1939–1945. MI 5's Director of Counter-Espionage in World War II*, 2 Bände, Band 1, 1939–1942, London-New York 2005, S. VI.

5 F. H. Hinsley/C. A. G. Simkins, *British Intelligence in the Second World War. Security and Counter-Intelligence*, London 1990, S. 87. Weder zu MAC noch zu BISCUIT ist in den britischen National Archives eine Akte von MI 5 veröffentlicht.

6 West, *Liddell Diaries*, Band 1, S. 141.

7 WO 208/5227 und KV 2/674.

8 Hinsley/Simkins, S. 41.

9 Christopher Andrew, *The Defence of the Realm. The authorized History of MI 5*, London 2009, S. 249.

10 Vgl. John Cecil Masterman, *The Double Cross System in the War of 1939 to 1945*, New Haven-London 1972.

11 KV 2/88.

12 Zitiert nach: Julius Mader, *Hitlers Spionagegenerale sagen aus.* Ein Dokumentarbericht über Aufbau, Struktur und Operationen des OKW-Geheimdienstamtes Ausland/Abwehr mit einer Chronologie seiner Einsätze von 1933–1944, Berlin (Ost) 1978, S. 86.

13 KV 2/107, KV 2/12, KV 2/1452, KV 2/1699–1700, HO 144/21 471–21 472, CRIM 1/1243.

14 KV 2/11, KV 2/13, KV 2/1452, KV 2/1699–1700, HO 144/21 471–21 472, CRIM 1/1243.

15 Hinsley/Simkins, S. 321.
16 Wahrscheinlich handelte es sich dabei um den Abwehroffizier Werner Unversagt, der für das Heeresreferat I H in Brüssel stationiert war, KV 2/90–91.
17 West, *Liddell Diaries*, Band 1, S. 93.
18 West, *Liddell Diaries*, Band 1, S. 94.
19 Nigel West, *MI 5. British Security Service Operations 1909–1945*, London 1983, S. 312.
20 Camp 020. *MI 5 and the Nazi Spies*, Public Record Office, Secret History Files, Richmond 2000, S. 153.
21 West, *Liddell Diaries*, Band 1, S. 101.
22 KV 2/546.
23 KV 2/18–19, KV 2/1701–1706, HO 144/21636, CRIM 1/1307, PCOM 9/902.
24 KV 2/14–16, KV 2/1701–1706.
25 KV 4/186.
26 KV 2/17, KV 2/1701–6, CRIM 1/1307, HO 144/21636, PCOM 9/903. Nach Kriegsende stellte sich heraus, dass »Wältis« Schweizer Pass eine Fälschung war, die schon 1936 in der Schweiz vorgenommen worden war. Vermutlich war er auch gar kein Schweizer, sondern ein Deutscher mit dem Namen Robert Petter, vgl. West, *MI 5*, S. 321.
27 West, *Liddell Diaries*, Band 1, S. 99.
28 West, *Liddell Diaries*, Band 1, S. 102.
29 Deckname von Iona Ustinov, Vater des Schauspielers Peter Ustinov. West, *Liddell Diaries*, Band 1, S. X.
30 West, *Liddell Diaries*, Band 1, S. 215.
31 Hinsley/Simkins, S. 324–325.
32 Hinsley/Simkins, S. 325.
33 KV 2/21–22.
34 KV 2/20.
35 KV 2/23.
36 Vermutlich Ernst Müller, ein ehemaliger Kapitän der Handelsmarine, der seit 1935 der Abwehrstelle Hamburg angehörte und im Marinereferat I M tätig war, vgl. KV 2/103.
37 »Karl Andersen«, vielleicht auch »Fritz Engelmeyer« oder »Dr. Lang«, sind vermutlich Decknamen eines Offiziers der Abwehrstelle Hamburg, der zuständig für die skandinavischen Länder war, vgl. KV 2/23.
38 Möglicherweise handelte es sich dabei um Julius Boeckel, der auch schon Vera von Schalbourgs Gruppe nach Oslo begleitet hatte. Aber auch Korvettenkapitän Wettstein aus Hamburg führte den Decknamen »Werner«.
39 Nikolaus Ritter, *Deckname Dr. Rantzau. Die Aufzeichnungen des Nikolaus Rit-*

ter, Offizier unter Canaris im Geheimen Nachrichtendienst, Hamburg 1972, S. 219.

40 KV 2/60.

41 West, *Liddell Diaries*, Band 1, S. 94.

42 West, *Liddell Diaries*, Band 1, S. 94.

43 KV 2/61–62.

44 Camp 020, S. 140.

45 Camp 020, S. 140.

46 Camp 020, S. 149.

47 West, *Liddell Diaries*, Band 1, S. 100.

48 West, *Liddell Diaries*, Band 1, S. 102.

49 Hinsley/Simkins, S. 325.

50 West, *MI 5*, S. 241.

51 Hinsley/Simkins, S. 326.

52 KV 2/24–27, WO 94/106 und WO 32/18144.

53 »Bruhns« war ein Deckname des Hamburger I Luft-Referenten Boeckel.

54 Camp 020, S. 155–156.

55 West, *Liddell Diaries*, Band 1, S. 128.

56 KV 2/30–33, HO 144/21576, CRIM 1/1350.

57 Hinsley/Simkins, S. 92.

58 West, *Liddell Diaries*, Band 1, S. 148.

59 Hinsley/Simkins, S. 92, Fußnote.

60 Vgl. dazu: Albert Pierrepoint, *Executioner: Pierrepoint. The amazing Autobiography of the World's most famous Executioner*, London 1977, S. 136.

61 KV 2/1067–1068.

62 West, *MI 5*, S. 265.

63 KV 2/103.

64 West, *MI 5*, S. 241.

65 Camp 020, S. 362.

66 West, *Liddell Diaries*, Band 1, S. 94.

Kapitel IV

1 Zitiert nach Helmuth Groscurth, *Tagebücher eines Abwehroffiziers 1938–1940*. Hrsg. von Helmut Krausnick und Harold C. Deutsch, Quellen und Darstellungen zur Zeitgeschichte, Band 19, Stuttgart 1970, S. 30.

2 Groscurth, S. 179.

3 Zitiert nach Joachim Scholtyseck, *Das »Amt Ausland/Abwehr« – eine Position der unbegrenzten (Widerstands-)Möglichkeiten?*, in: *Der 20. Juli 1944 – Profile, Motive, Desiderate*. XX. Königswinterer Tagung 23.-25. Februar 2007, Schrif-

tenreihe der Forschungsgemeinschaft 20. Juli 1944 e. V. Band 10, hrsg. von Stephen Schröder/Christoph Studt, Berlin 2008, S. 119.

4 Zitiert nach Gerd R. Ueberschär, *Das Dilemma der deutschen Militäropposition*, Gedenkstätte Deutscher Widerstand, Beiträge zum Widerstand 1933–1945, S. 5.

5 Hermann Wentker, *Umsturzversuche 1938–1943*, in: *Peter Steinbach/Johannes Tuchel, Widerstand gegen die nationalsozialistische Diktatur 1933–1945*, Bundeszentrale für Politische Bildung, Schriftenreihe Band 438, S. 473.

6 Wentker, S. 474.

7 Romedio Galeazzo Graf von Thun-Hohenstein, *Der Verschwörer. General Oster und die Militäropposition*, Berlin 1982, S. 108.

8 Gerd R. Ueberschär, *Auf dem Weg zum 20. Juli*, Bundeszentrale für Politische Bildung, Aus Politik und Zeitgeschichte, Nr. 27, 2004, S. 4.

9 Scholtyseck, S. 124.

10 Ueberschär, *Auf dem Weg zum 20. Juli*, S. 5.

11 Groscurth, S. 173.

12 Groscurth, S. 201.

13 Zitiert nach Höhne, S. 348.

14 Zitiert nach Ueberschär, *Das Dilemma*, S. 10.

15 Thun-Hohenstein, S. 53.

16 Groscurth, S. 18.

17 Das Freikorps war im Februar 1919 von Korvettenkapitän Ehrhardt aus Marineangehörigen gegründet worden. Es wurde unter anderem gegen die Räterepublik in München eingesetzt, was zu blutigen Straßenkämpfen gegen die Kommunisten führte, in denen über 1000 Menschen ihr Leben verloren. Aus Protest gegen den Befehl zur Auflösung marschierte die Brigade im März 1920 nach Berlin und besetzte im sogenannten Kapp-Lüttwitz-Putsch die Stadt. Im April 1920 wurde die Brigade endgültig aufgelöst, ein Teil ihrer Mitglieder wurde von der Marine übernommen.

18 Der paramilitärisch organisierte Wehrverband wurde Ende 1918 gegründet und verstand sich als Personalreserve für die auf 100 000 Mann reduzierte Reichswehr. 1930 war die antidemokratische Organisation auf etwa 500 000 Mitglieder angewachsen.

19 Groscurth, S. 43.

20 Leiter des Sprengstofflaboratoriums von Abwehr II.

21 Groscurth, S. 222.

22 In Zossen bei Berlin befand sich das Hauptquartier des Oberkommandos des Heeres.

23 Groscurth, S. 95.

24 Zitiert nach Scholtyseck, S. 121.
25 Zitiert nach Michael Mueller, *Canaris. Hitlers Abwehrchef*, Berlin 2006, S. 434, Fußnote 61.
26 Höhne, S. 58.
27 Mueller, S. 84.
28 Höhne, S. 64.
29 Mueller, S. 10.
30 Dokumentation *Aus den Personalakten von Canaris*, in: *Vierteljahrshefte für Zeitgeschichte*, 1962/3. Heft, S. 281.
31 Groscurth, S. 212.
32 Mueller, S. 307.
33 Winfried Meyer, ›*Unternehmen Sieben. Eine Rettungsaktion für vom Holocaust Bedrohte aus dem Amt Ausland/Abwehr im Oberkommando der Wehrmacht*, Frankfurt/Main 1993, S. 23.
34 Ian Colvin, *Chief of Intelligence*, London 1951, S. 123.
35 Elisabeth Chowaniec, *Der »Fall Dohnanyi« 1943–1945. Widerstand, Militärjustiz, SS-Willkür*, München 1991, S. 22.
36 Zitiert nach Höhne, S. 550.
37 Michael Howard, *British Intelligence in the Second World War. Strategic Deception*, London 1990, S. 48.
38 Siehe S. 102.
39 KV 2/2867.
40 Howard, S. 48.
41 Prof. Dr. Gerhart Hass/Rangsdorf: *Von Wilhelm Canaris zu Georg Alexander Hansen*, Vortrag vor der Berliner Gesellschaft für Faschismus- und Weltkriegsforschung e. V., www.2i.westhost.com/bg/0_16.html
42 Höhne, S. 305.
43 Siehe S. 102.
44 www.marine.de
45 KV2/3160.
46 Meyer, S. 181.
47 Zitiert nach Peter Hoffmann, *Widerstand, Staatsstreich, Attentat. Der Kampf der Opposition gegen Hitler*, München 1970, S. 555.
48 Zitiert nach Chowaniec, S. 15.
49 Zitiert nach Meyer, S. 25.
50 Vgl. Meyer, S. 350 und S. 354.
51 Ger van Roon, *Graf Moltke als Völkerrechtler im OKW, in: Vierteljahrshefte für Zeitgeschichte*, Jahrgang 18 (1970), Heft 1, S. 16.
52 Günter Brakelmann/Traugott Jähnichen (Hrsg.), *Dietrich Bonhoeffer – Sta-*

tionen und Motive auf dem Weg in den politischen Widerstand, Münster 2005, S. 112.

53 KV 2/2867.

54 Hans John, Jurist wie sein älterer Bruder, arbeitete am Berliner Institut für Luftfahrtrecht, bis er 1940 zum Kriegsdienst eingezogen wurde. 1942 an der Ostfront schwer verwundet, kehrte er an die Universität zurück. Wie sein Bruder Otto war er in die Vorbereitung des Stauffenberg-Attentats einbezogen. Im August 1944 wurde er verhaftet und im Februar 1945 vom Volksgerichtshof zum Tode verurteilt. Ein Sonderkommando des Reichssicherheitshauptamts ermordete ihn im April in der Nähe des Berliner Gefängnisses Lehrter Straße.

55 KV 2/410.

56 Thun-Hohenstein, S. 154.

57 Walter Jauch und sein Partner Otto Hübener in der Versicherungsfirma Jauch und Hübener unterstützten den militärischen Widerstand. Hübener wurde nach dem 20. Juli 1944 verhaftet und im April 1945 ermordet.

58 1933 von Hermann Göring gegründet, überwachte das »Forschungsamt« der Luftwaffe vor allem den Telefon-, Funk-, Telegramm- und Fernschreibverkehr, unterhielt aber auch einen eigenen Nachrichtendienst.

59 Thun-Hohenstein, S. 39.

60 Zitiert nach Mueller, S. 213.

61 Zitiert nach Thun-Hohenstein, S. 149.

62 Siehe S. 42

63 Hermann Graml, *Der Fall Oster*, in: *Vierteljahrshefte für Zeitgeschichte*, Jahrgang 14 (1966), Heft 1, S. 36.

64 Zitiert nach Thun-Hohenstein, S. 193.

65 Jean Vanwelkenhuyzen, ›*Die Niederlande und der »Alarm« im Januar 1940, in: Vierteljahrshefte für Zeitgeschichte*, Jahrgang 8 (1960), Heft 1, S. 20.

66 Nigel West, *The Guy Liddell Diaries 1939–1945. MI 5's Director of Counter-Espionage in World War II*, 2 Bände, London-New York 2005, Band 1, S. 75.

67 Allein für 1939 war der Angriff nacheinander am 12., 19., 22. und 26. November sowie am 3., 9. und 11. Dezember vorgesehen, vgl. Vanwelkenhuyzen, S. 21.

68 Zitiert nach Harold C. Deutsch, ›*Verschwörung gegen den Krieg. Der Widerstand in den Jahren 1939–1940*, München 1969, S. 104.

69 Zitiert nach Thun-Hohenstein, S. 192.

70 Vgl. Sas' Aussage vor einem niederländischen Untersuchungsausschuss am 16. März 1948, www.mei1940.nl/Verslagen/Maj-Sas-Verhoor.htm.

71 Robert Baag über Michael Mueller: *Canaris. Hitlers Abwehrchef in neuem Licht, Deutschlandfunk*, Politische Literatur, 8. 5. 2006.

Kapitel V

1 KV 2/103.
2 Peter Hoffmann, *Widerstand, Staatsstreich, Attentat. Der Kampf der Opposition gegen Hitler*, München 1970, S. 363.
3 KV 2/103.
4 KV 2/521.
5 Herbert Wichmann, *45 Jahre danach. Bericht des Kapitäns z. See a. D. Herbert Wichmann, s. Zt. Leiter der Abwehrstelle Hamburg*, München 1981, S. 3.
6 Richard Bassett, *Hitlers Spy Chief. The Wilhelm Canaris Mystery*, London 2005, S. 59.
7 KV 2/408.
8 Wichmann, S. 35.
9 Wichmann, S. 12.
10 Wichmann, S. 100.
11 Wichmann, S. 92.
12 Clubzeitschrift des Norddeutschen Regatta Vereins, Hamburg, September 1987.
13 Auskunft von Hartwig Graf von Bernstorff.
14 Auskunft von Wolf Mandt-Merck.
15 KV 2/103.
16 KV 2/159.
17 Camp 020, S. 73.
18 KV 2/267.
19 KV 2/159.
20 KV 2/2751.
21 KV 2/2867.
22 KV2/103.
23 KV 2/2867.
24 KV 2/2867.
25 Hoffmann, S. 287 und KV 2/2867.
26 KV 2/171.
27 WO 208/5227.
28 WO 208/5227.
29 KV 2/91.
30 KV 2133.
31 Vgl. Winfried Meyer, *Unternehmen Sieben. Eine Rettungsaktion für vom Holocaust Bedrohte aus dem Amt Ausland/Abwehr im Oberkommando der Wehrmacht*, Frankfurt/Main 1993, S. 179 und 438.
32 KV 2/560.

33 Auskunft von Hans-Heinrich Wrede, 2003–2005 erster deutscher Präsident des Exekutivrats der UNESCO und 2007–2011 Ständiger Vertreter der Bundesrepublik Deutschland bei den UN-Organisationen FAO, WFP und IFAD.
34 KV 2/103.
35 KV 2/103.
36 KV 2/103.
37 KV 2/103.
38 Möglicherweise handelt es sich dabei um den Österreicher Dr. Koessler oder Koestler, der von 1941 bis 1944 als Doppelagent HAMLET für MI 5 arbeitete, KV 2/325.
39 Bericht des Enkels von Hilmar Dierks: www.suche-im-dunkeln.htm.
40 Wichmann, S. 36.
41 KV 2/103.
42 KV 2/103.
43 KV 2/103.
44 Wichmann, S. 17.
45 Wichmann, S. 37.
46 Bei den beiden Autoren und ihren Büchern handelt es sich um Günter Alexander (eigentlich Günter Peis): *So ging Deutschland in die Falle. Anatomie einer Geheimdienstoperation*, Düsseldorf-Wien 1976, und Ladislas Farago: *The Game of the Foxes. British and German Intelligence Operations and Personalities which changed the Course of the Second World War*, London 1974.
47 Wichmann, S. 68.
48 Wichmann, S. 69.
49 Kevin Duguid, *Portgordon's Nazi Spies resurface*, in: *Banffshire Journal*, 1. 8. 2006.
50 Wichmann, S. 69.
51 Wichmann, S. 79.
52 KV 2/60.
53 Wichmann, S. 71.
54 Nigel West, *The Guy Liddell Diaries 1939–1945. MI 5's Director of Counter-Espionage in World War II*, Band 1, 1939–1942, London-New York 2005, S. 93.
55 West, *Liddell Diaries*, S. 226.
56 KV 2/267.
57 KV 2/267.
58 KV 2/267.
59 KV 2/170.
60 KV 2/2133.
61 KV 2/2133.

62 KV 2/2133.
63 KV 2/2133.

Kapitel VI

1 David Mure, *Master of Deception. Tangled Webs in London and the Middle East*, London 1980.
2 John P. Campbell, *A Retrospective on J. C. Masterman's »The Double-Cross-System«*, in: *International Journal of Intelligence and Counterintelligence*, Vol. 18, Nr. 2, 2005, S. 331.
3 Campbell, S. 332.
4 Campbell, S. 331.
5 Campbell, S. 330.
6 KV 2/2133.
7 Campbell, S. 330.
8 Anthony Cave Brown, *Die unsichtbare Front. Entschieden Geheimdienste den 2. Weltkrieg?*, München 1976, S. 200.
9 KV 2/103.
10 KV 2/977.
11 KV 2/103.
12 Die mit der deutschen Verschlüsselungsmaschine »Enigma« codierten Funkmeldungen der Luftwaffe, des Heeres und schließlich auch der Marine konnten von den englischen Kryptoanalytikern im Lauf der Kriegsjahre im Wesentlichen entziffert werden, was den Alliierten einen kaum zu überschätzenden strategischen Vorteil brachte. Noch nach Kriegsende dauerte es allerdings mehr als zwanzig Jahre, bis die britische Regierung sich bereit fand, diese intellektuellen und technischen Leistungen ihrer Codeknacker bekannt werden zu lassen, so dass das »Ultra«-Geheimnis gelüftet werden konnte. Vgl. F. W. Winterbotham, *The Ultra Secret*, London 1975, und David Kahn, *The Codebreakers*, London 1980.
13 KV 2/18.
14 KV 2/90 und KV 2/91.
15 KV 2/13.
16 KV 2/2645.
17 KV 2/2133.
18 KV 2/88.
19 KV 2/1333.
20 WO 208/5227.
21 KV 2/1333.
22 KV 2/529.

23 KV 2/87.

24 KV 2/159. Friedrich Alfred Garthe, dessen Mutter Engländerin war, trat als ehemaliger Luftwaffenoffizier 1934 in die Abwehr ein. Vom Sommer 1940 bis zum Februar 1943 stand er dem Luftreferat in Paris vor. Ab Ende 1942 bemühte sich Garthe im Auftrag von Canaris um Kontakte zu Personen von politischer und wirtschaftlicher Bedeutung im westlichen Ausland, darüber durfte er jedoch keinesfalls schriftliche Berichte anfertigen. Für dieselbe Aufgabe sandte Oberst Hansen ihn im Juni 1944 wieder nach Paris. Die MI-5-Offiziere, die Garthe nach dem Krieg verhörten, bescheinigten ihm: »Offenkundig hegte er die ganze Zeit über eine echte Anti-Nazi-Einstellung« (KV 2/408).

25 Unveröffentlichte Erinnerungen des Freiherrn Heinrich von Berenberg-Gossler, von Oktober 1940 bis 1941 Vertreter beim Banken-Aufsichtsamt in Paris, danach bei der Reichskreditgesellschaft und der VIAG, bis er im Februar 1942 eingezogen wurde.

26 Winfried Meyer, *Unternehmen Sieben, Eine Rettungsaktion für vom Holocaust Bedrohte aus dem Amt Ausland/Abwehr im Oberkommando der Wehrmacht*, Frankfurt/Main 1993, S. 212.

27 Meyer, S. 211.

Epilog

1 Peter Steinbach, *Widerstandsdiskussionen im politischen Wandel der Bundesrepublik Deutschland*, in: *Peter Steinbach, Widerstand. Ein Problem zwischen Theorie und Geschichte*, Köln 1987, S. 334.

2 *Frankfurter Allgemeine Zeitung* vom 13. 5. 2009, S. 7.

3 www.20-juli-44/de/pdf/1954heuss.pdf

4 Peter Steinbach, in: *Aufstand des Gewissens. Militärischer Widerstand gegen Hitler und das NS-Regime 1933–1945*, Begleitband zur Wanderausstellung des Militärgeschichtlichen Forschungsamtes, hrsg. von Thomas Vogel, Hamburg-Berlin-Bonn, 5. Auflage 2000, S. 29.

5 Stefan Geilen, *Das Widerstandsbild in der Bundeswehr, in: Aufstand des Gewissens*, S. 333.

6 John Cecil Masterman, *The Double Cross System in the War of 1939 to 1945*, New Haven-London 1972.

7 Nigel West, *The Guy Liddell Diaries 1939–1945. MI 5's Director of Counter-Espionage in World War II*, 2 Bände, London-New York 2005, Band 2, S. 203.

8 Masterman, S. 185.

9 Nigel West, *MI 5, British Security Service Operations 1909–1945*, London 1983, S. 245.

10 Dabei handelte es sich um den Jugoslawen Dusko Popov.

11 *Bodyguard of Lies*, Book Review by Russell J. Bowen, in: *CIA Historical Review Program*, 2. July 1996, https://www.cia.gov/library/center-for-the-study-of-intelligence/kent-csi/vol20no1/html.

12 Masterman, S. 146.

13 Thaddeus Holt, *The Deceivers. Allied Military Deception in the Second World War*, London 2005, S. 580.

14 West, *Liddell Diaries*, Band 2, S. 209.

15 Schmidt starb am 19. Oktober 1992 im Alter von 80 Jahren in Watford, Hertfordshire, wo er seit Kriegsende gelebt hatte. Er hatte die britische Staatsbürgerschaft angenommen, führte den Namen Harry Williamson und heiratete eine Engländerin, mit der er eine Tochter bekam. Seinen Lebensunterhalt verdiente er als Fotograf, sein Hobby war die Zucht von Kanarienvögeln.

16 Wichmann, S. 21.

Personenregister

D

E

F

G

H

T

U

V

W

Y